SFC, 청소년을 말하다

-교회편-

SFC, 청소년을 말하다-교회편

초판 1쇄 인쇄 2024년 2월 7일
초판 1쇄 발행 2024년 2월 16일

지은이 이현철 허태영 안성복 김종용 백경태 최한림 김대호
펴낸이 최건호
펴낸곳 SFC출판부
등록 694-91-02062
주소 (06593) 서울특별시 서초구 고무래로 10-5 2층 SFC출판부
Tel (02)596-8493
홈페이지 www.sfcbooks.com
이메일 sfcbooks@sfcbooks.com
기획・편집 편집부
디자인편집 최건호
표지디자인 김태우
ISBN 979-11-87942-93-1 (03230)
값 12,000원

SFC, 청소년을 말하다

교회편

이현철 허태영 안성복 김종용 백경태 최한림 김대호

SFC

목차

청소년들은 교회를 어떻게 인식하고 있는가?

청소년 사역을 위한 전략 구성하기

부록

추천의 글

우리는 계속해서 다음세대를 강조해왔지만 그저 담론에 그치는 정도일 때가 많았다. 이번에 발행되는 자료와 특별 세미나를 통해 구체적인 대안을 찾게 되어 고맙게 생각한다. 특히 이 책은 담임목사와 청소년 담당 사역자가 두루 참고할 수 있을 것이다. 가장 핵심적인 교회론과 구체적인 예배를 다루고 있으므로 적극 추천하고 싶다.

김홍석(고신 총회장, 안양일심교회 담임목사)

한국교회는 언제나 '부흥'이라는 방향성 속에서 많은 고민을 해왔다. 특히 2000년 이후 뚜렷하게 둔화되고 있는 젊은 세대의 '부흥'은 오랜 교회의 고민거리였다. 하지만 기성세대의 신앙의 기틀 아래 누구도 그 고민의 답을 쉽게 찾지 못했다. 더구나 '코로나 팬데믹'은 그 고민을 더 어렵게 만들었다. '함께'라는 단어에 모두 물음표를 붙이는 한국의 현실과 한국 사회에 만연해진 인본주의와 개인주의적 성향은 '희망'과 '젊음'의 상징인 '청소년'을 뚜렷한 방향성이 없는 태풍 속의 나약한 돛단배로 만들어 버렸다. 그런 청소년들에게 더욱 필요한 답, 한국교회가 줄 수 있는 정답을 찾기는 더욱 어려워졌다.

하지만 『SFC, 청소년을 말하다! 교회편』은 제목만으로도 교회가 오랫동안 고민했던 문제의 '답'이 보인다. 책 속의 다양한 데이터는 우리가 생각만 하고 시도하지 않았던 다양한 고민의 결과물이다. 이런 고민의 결과물들은 오랫동안 가져왔던 바른 성장의 길을 찾아갈 수 있는 의미 있는 징검다리가 된다. 이 징검다리는 동일한 고민을 오랫동안 해왔던 모든 사람들과 교회와 기관에게 다음 걸음을 걸을 수 있는 이정표가 될 것이라 확신한다. 그렇기 때문에 이 책의 출간이 반갑고 고맙게 여겨진다. 이 책을 통해 모두가 한 걸음 더 청소년들에게 다가감으로써 청소년들이 하나님께 한걸음 더 다가가는 은혜가 있기를 소망한다.

박해형(SFC 지도위원장, 새소명교회 담임목사)

청소년은 한국교회의 미래이다. 이 책은 코로나라는 긴 터널을 지나 온 청소년들에 대한 궁금증을 해결해준다. 특히, 이 책은 다음세대 청소년이 가지고 있는 교회에 대한 생각을 잘 분석해 놓았을 뿐 아니라, 그에 대한 적절한 사역 방향을 제안하고 있어 이 시대 청소년사역자, 교사, 관심자들에게 꼭 필요한 내용을 담고 있다. 다음세대 사역에 소망을 주신 SFC에 깊이 감사드린다.

길성운(학원복음화협의회 공동대표, 성복중앙교회 담임목사)

다음세대를 걱정하는 사람들이 많다. 청소년 부서가 없는 교회가 절반 이상인 현장에서 느끼는 어려움은 심각한 수준을 떠나 답답함에 통곡하고 싶을 정도이다. 이런 어려운 시대에 의미 있는 연구를 통해 현실적인 대안을 만들어 내신 저자들에게 깊은 감사를 드린다. 다음세대 중에서도 청소년들을 어떻게 이해하고 그들과 소통할 수 있을지에 대한 실질적인 방안을 제시해 주었다고 생각한다.

이 책에는 우리가 추구하는 개혁신학과 명확한 데이터 분석을 통한 기독교 교육적 관점의 유의미한 결과가 가득 담겨 있다. 이 책에 담긴 소중한 결과물이 한국교회의 청소년사역자와 목회자들로 하여금 새 힘을 얻게 하리라 확신한다.

이정기(고신대학교 총장)

서문

학생신앙운동(SFC), 청소년을 말하다!

우리는 코로나 팬데믹을 거치면서 교회 내 모든 세대들의 신앙 위기를 걱정하고 있다. 물론 우리가 아직 경험하지 못한 미래적 상황이지만 조금씩 각 세대들에 대한 상황이 기우(杞憂)가 아니고 실제로 직면하게 될 위기가 됨을 여러 맥락에서 강하게 느끼고 있는 것이 사실이다. 특별히 청소년 세대에 대한 심각한 상황은 이미 다양한 분석결과와 자료들을 통해서 보고되었으며, 교회와 목회자들이 사역적 피벗(pivot)을 필요로 함을 제시하였다.

이와 관련하여 그동안 학생신앙운동(SFC)은 다음세대의 허브로서 한국교회를 향하여 의미 있는 자료들, 곧 『코로나시대 청소년 신앙리포트』(2021), 『위드코로나시대 다음세대 신앙리포트』(2022), 『위드코로나시대 다음세대 신앙리포트 2』(2023)를 통하여 현장 사역자들을 위한 손에 잡히는 자료들을 제공해주었다. 이는 분명 청소년들을 위한 실제적인 사역에 있어 신선한 아이디어들을 제공하였으리라 확신한다.

해당 작업들 이후 학생신앙운동(SFC)은 청소년 전문 사역자들과 교회현장 사역자들로부터 지속적인 의견 수렴과 고도화 작업을 수행하였는데, 이를 통하여 좀 더 세분화된 청소년들의 신앙과 삶에 대한 내용 분석이 필요함을 확인할 수 있었다. 이러한 필요를 확인하게 된 기본적인 맥락은 기존에 수행되었던 학생신앙운동(SFC)의 연구들이 삶이라는 복잡하고 방대한 내용들을 종합적으로 다루다보니 조사 문항들이 다소 피상적이었기에 발생하는 것이었다. 즉, 방대한 내용들을 영역별로 간략하게 다룸으로써 특정한 분야의 주제에 대한 심층적인 결과들을 요청하는 전문 사역자들에게 아쉬움을 준다는 것이었다. 물론 코로나와 그 이후 시기 속 청소년 및 다음세대를 다룬 연구 자체가 희소하여 그러한 주제와 연구대상자들을 통하여 조사 및 분석이 이루어진 것 자체로 충분히 의미가 있었지만, 사역자들의 입장에서는 좀 더 세분화되고 심층적인 결과들을 마주하고 싶은 욕구도 있었던 것이다.

이에 학생신앙운동(SFC)은 새롭게 3년간의 대규모 청소년 프로젝트, "학생신앙운동(SFC), 청소년을 말하다"를 구성하였으며, 그 방향성 아래에서 '교회, 하나님, 성경'이라는 핵심적인 가치와 신앙원리를 집중적으로 다루는 작업을 수행하기로 하였다. 이번 작업은 "학생신앙운동(SFC), 청소년을 말하다"의 첫 번째 작업으로 '청소년과 교회'를 중심으로 한 문항 개발과 분석을 시도하게 되었다. 이는 청소년들이 교회를 어떻게 인식하는가와 같은 질문을 영역별로 심화하여 교회와 삶의 관계성, 교회 교육, 교회 만족도, 교회 내 관계, 교회 사역 요구도 등 청소년들이 인식하는 교회에 대한 내용을 매우 구체적으로 기술하여 분석하였다. 이 과정에서 좀 더 현장의 목소리에 귀를 기울이고자 청소년 사역 전문가와 현장의 Teen SFC 간사들 간의 집단 토의를 통한 문항 개발을 추구하였고, 이러한 측면은 문항 개발의 단계에서부터 현장성을 붙잡기 위한 방안이었다. 해당 과정에서 나(이현철)는 모든 과정에 참여하여 학문적인 사항들이 적절히 유지되도록 하였으며, Teen SFC 간사들이 자신들의 현장에 기반을 두어 작업이 이루어질 수 있도록 가이드해주었다. 힘든 과정이었지만 최선을 다해 참여하여 준 모든 전국의 Teen SFC 담당 간사님들께 깊이 감사드린다. 그분들의 뜨거운 헌신이 없었다면 이 작업은 불가능하였을 것이다.

또한 청소년 사역의 현장성을 더하기 위하여 집필진 구성에도 신경을 많이 썼는데, 허태영 대표 간사, 안성복 교회사역부 총무 간사, 김종용 청소년사역부 총무 간사, 백경태 경남김해지부 간사, 최한림 전북지부 책임 간사, 김대호 부산 남부지부 책임 간사들이 함께하여 오랜 청소년 사역 경험과 노하우를 바탕으로 예리한 분석과 실천적 인사이트를 도출할 수 있었다. 더불어 집필진들과 함께 이자경, 박소현 경남창원지부 간사들의 수고와 헌신을 잊을 수 없다.

또한 이번 프로젝트는 많은 분들의 후원으로 진행되고 있는데, 새소명교회(박해형 목사), 제3울산교회(김두삼 목사), 마산성막교회(이상철 목사), 진주성광교회(정태진 목사), 남서울교회(최성은 목사), 교회비전연구회, 장상환 장로, 김승렬 장로와 각 교회 성도의 사랑을 잊을 수 없다. 이분들의 한국교회와 청소년들을 향한 사랑이 우리의 연구가 지속적으로 이루어질 수 있도록 하는 데 원동력이 되고 있다. 이 자리를 통해 다시 한 번 더 깊은 감사의 마음을 전한다. 부디 이번 연구가 한국교회의 청소년 세대를 살리며, 하나님 나라 확장을 위한 우리 모두의 노력에 힘이 되길 소망한다. *Soli Deo Gloria*!

2024년 2월

저자 일동

통계 수치를 어떻게 해석하지요?

이 책의 분석결과를 효과적으로 활용하기 위해서는 제시된 다양한 자료들을 정확하게 해석하고 이해할 수 있는 역량이 필요하다. 여기에서는 '집단 간의 차이 분석, 요구도 분석'의 결과들을 해석하는 팁(tip)을 소개하고자 하며, 그 내용은 다음과 같다.

[통계 분석 결과표 해석 팁 (1)]

<학교급별 집단 간 차이 분석>

(단위: 점(5점 척도))

구분		평균	표준편차	F ①
교회는 나의 학교생활에 영향을 준다	중학교(a)	② 2.246	1.0251	6.966** a>b,c
	고등학교(b)	2.094	.9590	
	기타(c)	1.556	.6980	
교회는 나의 부모관계에 영향을 준다	중학교(a)	③ 1.906	.9867	2.098
	고등학교(b)	1.835	.9976	
	기타(c)	1.519	.7000	

* p<.05, ** p<.001, 사후분석 Scheffe

위의 표를 살펴볼 때 가장 먼저 확인해야 할 것은 F값 '*'(①)이다. '*'는 통계적으로 '유의미한 차이가 있는가' 혹은 '통계적으로 차이가 없는가'를 확인시켜 주는 표시이다. 일단 '*'가 있다면 '유의미한 차이가 있다는 것'이다. 위의 결과표에 따르면 '교회는 나의 학교생활에 영향을 준다'는 통계적으로 유의미한 차이(①)가 나타나고 있다. 즉, 3개의 집단 간에 평균적으로는 매우 근소한 차이가 있지만(②), 그 차이는 통계적으로 의미있는 차이로서 해당 문항에 있어 중학교, 고등학교, 기타 그룹 간의 인식의 차이를 보여주고 있다. 한편 '교회는 나의 부모관계에 영향을 준다'의 경우 근소한 평균의 차이(③)가 나고 있지만, F값(①)에 '*'가 없기에 통계적으로 무의미한 차이를 보이고 있다. 이는 해당 문항에 있어 집단 간의 인식 비교에서 유사한 인식적 수준을 보이고 있다는 의미이다.

[통계 분석 결과표 해석 팁 (2)]

청소년들의 The Locus for Focus 모델 분석 자료는 그림만 보면 된다. 청소년들이 인식하고 있는 신앙생활과 관련한 '미래 중요 수준'과 '현재 불일치'를 교차 분석한 것이다. 먼저 제1사분면(HH)은 바람직한 수준의 평균과 불일치 수준의 평균이 모두 높은 분면으로 최우선적 요구로 분류되는 영역, 제2사분면(HL)은 바람직한 수준은 낮지만 불일치 수준은 높은 분면, 제4사분면(HL)은 바람직한 수준의 평균은 높지만 불일치 수준이 낮은 분면으로 차순위 요구군 영역, 제3사분면(LL)은 바람직한 수준도 낮고 불일치 수준도 낮은 요구로 우선적으로 고려되어야 할 요구로 보기 어려운 영역으로 보면 된다.

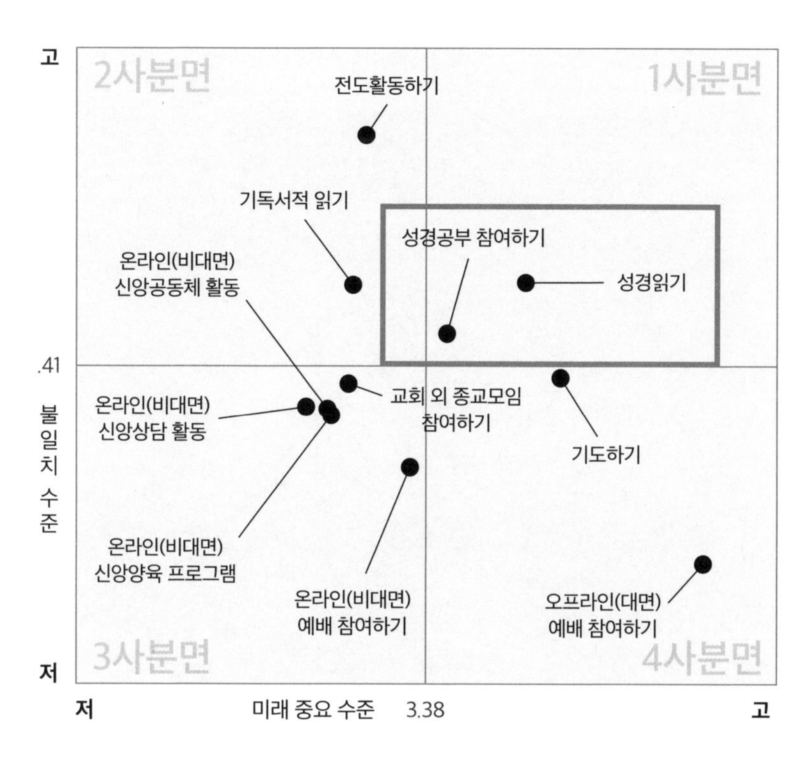

[그림] 코로나 시대 청소년의 신앙생활에 대한 요구도 분석 예시

위의 제시된 분석 결과를 보시면 제1사분면에 포함되는 신앙생활은 성경 읽기와 성경공부 참여하기였고, 제2사분면에는 전도활동하기, 기독서적 읽기였으며, 제3사분면에는 교회 외 종교모임 참여하기, (온라인 비대면)신앙상담활동, (온라인 비대면)신앙공동체활동, (온라인 비대면)신앙양육프로그램, (온라인 비대면)예배 참여하기였고, 제4사분면에 포함되는 신앙활동은 기도하기와 (오프라인 대면)예배 참여하기였다. 절대 어렵지 않다. 제1사분면에 집중하면 된다.

삼위하나님, 교회, 그리고 청소년

개혁주의 교회론: 우리는 하나의 거룩한 보편적인 사도적 교회를 믿는다[1]

"공교회 또는 보편적 교회는 무형"이다(웨스트민스터신앙고백서 25:1). 그러나 "유형의 교회 역시 복음 하에서 공교회요 우주적 교회"이다(신앙고백서 25:2).[2] 그래서 우리는 유형교회의 일원으로서 성도들이 진정한 믿음을 고백하는 무형교회의 성도로 세워져가는 것이다. 이 땅의 유형의 교회는 "더 잘 보이기도 하고 때로는 덜 보이기도 하였다"(신앙고백서 25:4). "지극히 순수한 교회라 하더라도 혼합과 오류에서 벗어날 수 없다"(신앙고백서 25:5). 이 교회를 통해 하나님은 친히 하신 약속을 따라 성령의 역사로 성도를 모으고 보호하시는 일을 하신다(신앙고백서 25:3). 우리는 유형교회에 소속된 무형교회로 부름을 받은 자임을 기억하자. 교회를 교회 답게 하는 것은 공교회(유형교회와 무형교회)를 세우는 일임을 기억하자.

1. 교회와 삼위 하나님

"성부는 그의 백성을 택하시고, 성자는 그들을 불러 모으시교, 성령은 그들을 거룩하게 하신다(엡1:3-13; 4:4-6)"[3] 교회는 삼위 하나님의 연합사역으로 형성, 유지, 사명을 감당할 수 있다. 삼위 하나님의 연합과 같이 교회는 하나됨으로써

1. 니케아신조(321년); 김은수, 『개혁주의 신앙의 기초 제2권』 (서울: SFC출판사, 2010), 178에서 재인용
2. 헤르만 바빙크, 박태현 역, 『개혁교의학4』 (서울: 부흥과개혁사, 2011). 338. 바빙크는 루터가 처음 만든 개념으로 봤다. 루터는 "동일한 교회의 두 측면으로 이해"했다. 우리는 교회의 두 측면을 잘 이해하며 유형의 교회가 영적으로 어려운 상황일 때도 참교회로 세우는 일에 집중해야 한다.
3. 김은수, 『개혁주의 신앙의 기초 제2권』 (서울: SFC출판사, 2010), 147.

그 사명을 감당할 수 있다. 하나됨 자체가 하나님이 교회에 원하시는 핵심 요구 사항이다(요17:23).[4]

(1) 교회는 하나님의 백성들의 모임이다.

교회는 세상으로부터 하나님이 불러낸 거룩한 백성들의 모임이다. 그래서 교회는 건물이 아니다. 교회는 믿는 자와 그들의 자녀들로 구성된 공동체이다(신앙고백서 25:2). 개인의 구원 사건과 성령 안에서 하나되는 연합은 분리될 수 없다.[5] 하나님의 백성된 성도들은 하나님의 성품과 하신 일을 잘 알 때 백성답게 살 수 있다. 성경은 우리에게 백성이 될 수 있는 구원에 필요한 지식을 준다. 특히 설교 말씀을 통해 구원의 은혜를 누리고 하나님에 대해 알아가게 한다(대교리문답 155).

(2) 교회는 예수님의 몸이다.

교회는 예수님이 피 값으로 산 그리스도의 몸이다. 그래서 교회는 그리스도에게 복종해야 한다. 교회가 "성찬에 참여하는 것은, 교회가 그리스도의 몸에 참여함으로써 하나됨을 가시적으로 보여주는 것이다(고전10:17)".[6] 교회의 성도들은 다양하지만 하나의 몸을 이룬다(고전12:20). "더 약하게 보이는 몸의 지체가 도리어 요긴하고", "덜 귀히 여기는 그것들을 더욱 귀한 것들로 입혀 주며, 우리의 아름답지 못한 지체는 더욱 아름다운 것을 얻"게 하는 것이 하나된 교회의 모습이다(고전12:23-24). 그리스도의 장성한 분량까지 자라기 위해서는 "서로간의 우

---

4. 요한복음 17장은 예수님이 제자들을 위해 기도하는 내용이다. 하나님이 한 분이시듯 우리도 하나 되어 세상에 하나님이 우리를 사랑하심을 보여주는 공동체가 되어야 한다.
5. 김은수, 149-50.
6. 김은수, 153.

열의 경쟁과 높낮이의 다툼이 아니라, 서로 사랑으로 연합하며 섬김의 봉사로 함께 서는 것이다."[7] 웨스트민스터 신앙고백서 26장은 교제에 대해 이야기하며 성도들이 그리스도와 영적으로 연합하는 것과 성도간의 교제를 강조한다. 또한 성도 간의 교제는 영적인 면과 육체적인 필요를 채우는 것을 통해 그리스도의 은혜를 누리도록 해야 하고, 그 일을 공적으로 또한 개인적으로 도와야 함을 강조한다.

(3) 교회는 성령의 전이다(고전3:16-17).[8]

"교회가 성령을 소유하는 것이 아니라, 성령께서 교회를 당신의 거처 삼으시고 교회로 하여금 살고, 성장하며, 사역하게" 하신다.[9] "교회가 성령, 즉 거룩한 영의 전이라는 말은 교회가 거룩하게 구별된 것"과 "성령께서 거처 삼으신 교회를 거룩하게 하신다는 것을 말한다."[10] "성령 안에서 하나님이 거하실 처소가 되기 위하여" 교회 공동체는 "그리스도 예수 안에서 함께 지어져"간다(엡2:22). 구약의 성도들이 성전으로 올라가며 하나님을 만나는 곳을 향하는 기쁨을 노래한 것과 같이 교회는 "만물을 충만케 하시는" 하나님의 충만함이 있는 곳이다(엡1:23). 그래서 우리는 삼위 하나님의 성전인 교회에서 풍성한 은혜를 누리고, 하나님의 거룩하심을 닮아 가야 한다(고전3:17).

---

7. Ibid, 154.
8. 고전3:16-17. "너희는 너희가 하나님의 성전인 것과 하나님의 성령이 너희 안에 계시는 것을 알지 못하느냐 누구든지 하나님의 성전을 더럽히면 하나님이 그 사람을 멸하시리라 하나님의 성전은 거룩하니 너희도 그러하니라"
9. 김은수, 157.
10. Ibid, 158.

2. 교회의 속성(특징)

우리는 사도신경과 니케아신조의 전통을 따라 어떤 교회를 믿는지 고백한다. 교회의 표지가 교회 안팎의 사람 모두에게 가시적으로 나타나는 것이라면 교회의 속성은 성도들이 이해하는 참 교회의 모습이다.[11] 사도신경은 "나는 거룩한 공교회를 믿습니다"라고 고백하며, 또한 니케아신조(381)는 그것을 좀 더 세밀하게 표현하여 "우리는 하나의 거룩한 보편적인 사도적 교회를 믿습니다"라고 고백한다.[12]

(1) 교회의 단일성

교회는 한 소망 안에서 부르심을 받았고, 그 하나 되게 하신 것을 힘써 지켜야 한다(엡4:3-4).[13] 교회의 하나됨과 획일화는 구별되어야 한다(고전12:20). 민족과 나라와 상황에 따라 다양함이 있지만 모든 교회는 하나의 교회를 추구해야 한다(엡4:1-6). 통일성을 해치는 것과 이단적 성향을 가진 그룹을 분리시키는 것과는 구별이 필요하다(요일2:19; 딛3:10). 하나가 되지 않을 때 하나님이 한 분이심과 세계의 교회가 한 하나님을 섬김을 불신자들에게 설명하기 어렵다. 조직의 하나도 추구해야 하지만 신앙고백적인 하나가 중요하다.

---

11. 김은수, 178-179. 교회의 속성과 표지는 상호 보완적으로 참 교회의 모습을 알려준다. "속성과 표지는 서로 배타적인 것이 아니라 …… 상호 본완적인 것"이며, "참된 속성을 가진 교회는 그 표지를 통하여 분명히 드러나며, 거꾸로 참된 표지가 있는 교회는 그 참된 속성을 분명히 가지게 된다." 우리가 '교회를 맏는다'는 것은 "교회가 하나라는 것과 거룩한 것"을 믿는다는 의미이지 교회 그 자체를 믿는다는 것은 아니다.
12. Ibid, 178.
13. 엡4:3-4. "평안의 매는 줄로 성령이 하나 되게 하신 것을 힘써 지키라 몸이 하나요 성령도 한 분이시니 이와 같이 너희가 부르심의 한 소망 안에서 부르심을 받았느니라"

(2) 교회의 거룩성

거룩하다는 것은 세상과 구별된다는 것이 핵심이다. 우리는 여전히 죄 가운데 있지만 하나님은 우리와 구별되시는 거룩하신 분이시다. 교회 또한 세상과 구별된다(벧전2:9). 하나님의 법인 말씀의 원리를 따라 세상과 구별된 원리가 교회에 적용된다(레11:45; 벧전1:16). 즉, 거룩한 하나님이 우리를 불러 거룩한 교회를 세우셨다. '거룩'은 무게가 있다는 뜻도 있다. 그러나 그 무게가 권위가 있다는 것이지 권위주의를 말하는 것은 아니다. 교회가 세상과 구별되는 것은 하나님의 거룩하심을 따라 자신을 깨끗게 하는 것으로 세상과 구별되는 것이다. 믿지 않는 사람들이 교회의 문턱을 높게 느껴서 교회에 오는 것을 어렵게 하는 것이 거룩이 아니다. 오히려 그들이 쉽게 교회에 들어오지만 예배를 통해 하나님을 경배하는 모습과 성도가 서로 교제하는 모습을 통해 세상과 구별된 무엇인가를 느낄 수 있도록 하는 것이 중요하다.

(3) 교회의 보편성

보편성은 "특수하거나 지역화된 것"과 대조된다.[14] 보편성은 시대와 공간을 초월한 하나님의 모든 백성을 교회가 포함하는 것이다. "교회는 시대적 범주를 뛰어넘어 민족적이며 인종적인 차별 및 남녀노소와 빈부귀천의 사회적인 차별이 없는 보편성을 가진다."[15] 교회의 보편성은 다른 속성과 함께 하며, 참된 교회의 표지를 통해 나타난다.[16]

---

14. 김은수, 153.
15. Ibid, 186.
16. Ibid, 187.

(4) 교회의 사도성

사도성은 두 가지로 이해할 수 있다. 첫째, 교회가 사도의 전통을 받아 바른 신앙고백 위에 세워져 있다는 것이다. 둘째, 교회가 사도의 삶을 따라 말씀을 증거하여 교회의 확산에 힘을 써야 한다는 것이다(마28:19-20). 교회의 사도성은 성령의 역사로 말미암아 말씀을 통해 세대를 이어 전해지고, 교회를 넘어 전파됨을 강조한다.

3. 교회의 표지

모든 교회는 교회라고 할 수 있는 조건을 갖고 있어야 한다. 그것은 말씀의 참된 선포와 성례의 올바른 집행, 권징의 신실한 시행이다.[17]

(1) 말씀의 참된 선포

목사들의 가장 중요한 일은 말씀을 바르게 가르치는 것이다. 또한 전체 성경을 가르쳐야 한다. 모든 성경을 모든 성도들에게 가르치는 데는 한계가 있다. 그래서 전체 성경을 정리한 신앙고백서와 교리문답서가 중요한 것이다. 개혁교회는 신앙고백서와 교리문답을 가르침으로써 전체 성경을 바르게 가르친다.

이와 함께 교회에는 바른 말씀을 분별할 수 있는 성도가 있어야 한다. 바른 말씀의 선포와 설교 말씀을 알아 듣는 성도는 바른 교회의 필수 조건이다. 성도는 설교가 성경에 맞는 말씀인가 생각해 보고, 맞다면 아멘으로 받고 실천하여

---

17. Ibid, 172. 김은수는 칼빈을 인용하며 교회의 표지를 '바른 말씀 선포'와 '성례의 올바른 시행'으로 두 가지로 이해하며, 권징을 '성례'를 바르게 집행할 수 있도록 돕는 것으로 보았다. 또한 '성례'와 '권징'은 '바른 말씀 선포'에 의존한다고 보면서 '말씀 선포'를 강조했다.

은혜를 누리는 사람이다(행17:11).[18]

(2) 성례의 올바른 집행

성례는 말씀 선포와 분리될 수 없고, 세례와 성찬으로 나뉜다. "세례는 그리스도에 접붙여짐"이고, "성찬은 그리스도와의 교제"이며 "성도간의 교제"로 나아간다."[19]

세례는 결혼과 함께 새로운 사람을 교회의 일원으로 받아들이는 중요한 예식이다. 우리는 교회가 믿는 백성과 그들의 자녀들로 구성된다는 것을 고백한다.[20] 세례는 자신이 죄인임과 하나님의 긍휼을 통해 죄 용서 받을 수 있음을 믿는 자들이 이를 공적으로 고백한 후 물로 씻음을 받는 것이다. 그럼으로써 죄와 세상에 대하여 죽고, 예수 그리스도와 그의 나라에 대해 사는 것이다. 성찬은 믿는 자들이 함께 한 떡과 한 잔에 참여함으로써 한 몸이 되고, 예수 그리스도께서 우리를 위해 죽으시고 부활하심을 기억하는 예식이다. 그래서 성찬은 보이는 말씀이다. 성찬은 바른 말씀의 선포가 전제되지 않을 때 그 의미가 사라져 그냥 떡과 포도주를 먹는 행위만 남을 수 있다. 성찬은 온교회로 죄를 회개하고 함께 죄사함을 받고 하나 된 공동체로 초대한다. 그래서 바른 성찬은 교회의 분열을 하나로 만들어 준다.

(3) 권징의 신실한 시행

권징은 하나님의 말씀과 성례가 바르게 시행될 수 있도록 하는 안전 장치이

---

18. 행17:11. "베뢰아에 있는 사람들은 데살로니가에 있는 사람들보다 더 너그러워서 간절한 마음으로 말씀을 받고 이것이 그러한가 하여 날마다 성경을 상고하므로"

19. 김은수, 153.

20. 『헌법』(서울: 대한예수교장로회 총회출판국, 2011). 75. 25장 교회, 2. "유형교회 …… 참 믿음(종교)을 고백하는 모든 자들과 그들의 자녀들로 이루어지며"

다. 권징은 단순히 징계하는 것보다 회개하고 돌아오게 하는 것이 목적이다. 그래서 권징은 하나됨과 사랑이 전제되어야 한다. 죄인이 회개하고 교회로 다시 돌아올 때 갖게 되는 감격이 없다면 권징은 힘이 없다.

일상의 삶에서도 우리는 하나님 백성으로 서로를 돌아보아 권면하여 함께 바른 길을 가야 한다. '결국은 돈이 제일 중요하다'와 같은 말을 하는 사람이 있다면 정중하게 사랑하는 마음을 갖고 그것이 아님을 이야기해 주는 것이 '작은 권징'이다. 이런 실천은 각 사람을 말씀의 가르침에서 벗어나 큰 죄로 발전하지 않도록 할 것이다. 일상에서 권면을 지혜롭게 하는 공동체는 서로에게 큰 힘이 된다.

4. 어떻게 청소년들에게 교회를 가르칠까?

(1) 청소년과 함께 하자.

모든 사람들이 그렇겠지만 특히 청소년들은 자신의 문제를 해결하기 어려운 상황에서 불안을 안고 살고 있다. 마치 고무풍선이 팽창해 곧 터질 것 같은 모습이 연상된다. 교회에서 짧은 시간이지만 사랑을 경험하고 팽창한 풍선에서 공기를 빼주는 역할을 하자. 교사는 함께 하고, 다가가 친구가 되고, 지지하고, 복음을 삶으로 증거하여 청소년들을 교회의 성도로 초대하자.

(2) 직분을 사모하게 하자.

교회는 항존직[21]인 목사, 장로, 집사가 꼭 있어야 한다. 직분자는 섬김을 통해

21. 항존직은 교회가 존재하기 위해 늘 있어야 하는 직분으로, 안수를 통해 세워지는 직분이다. 항존직은 '안수 후 평생을 할 수 있는 직분'이라는 뜻이 아니다.

성도를 온전히 세우는 것이 핵심 임무이다(엡4:12).[22] 청소년들이 공동체를 섬기는 즐거움을 깨닫게 하자. 학생들의 장점을 찾아 칭찬하며 자신의 은사를 따라 공동체를 섬길 수 있도록 하자. 지적하는 것보다 칭찬을 하기 위해서는 몇 배의 집중력을 갖고 학생들을 관찰하는 노력이 필요하다. 특히 지속가능한 바른 교회를 세우기 위해서는 말씀 사역자로 헌신할 수 있도록 학생들의 은사를 발견하고 도전하는 것이 필요하다.

(3) 교회의 핵심인 예배를 가르치고 순서에 참여하게 하자.

중고등부 모임 때, 설교를 제외한 모든 순서를 학생들이 진행하도록 해 보자. 기도문을 작성하게 하고, 특송도 하고, 수전위원도 시켜 보자. 헌금원리도 짧은 문장을 작성해 헌금 전에 학생들이 읽고 헌금하고, 헌금 기도도 시켜 보자. 자신들이 한 헌금이 어떻게 사용되었는지 보고하게 하고, 필요한 재정을 위해 헌신하도록 돕자.

(4) 세례를 받게 하자.

세례는 가시적 은혜의 방편이다. 학생들에게 평소 설교와 성경공부 때도 공적인 고백의 중요함과 세례의 중요함을 반복해서 가르쳐 세례를 준비시키는 것이 필요하다. 세례를 통해 주시는 은혜에 대해 설교자와 교사들은 자신의 간증을 하고 세례 받는 것을 기대하도록 하자. 세례 받은 후 성찬의 의미를 가르치자. 레이하르트의 책이 도움이 될 것이다.[23]

---

22. 엡4:12. “이는 성도를 온전하게 하여 봉사의 일을 하게 하며 그리스도의 몸을 세우려 하심이라”
23. 피터 J. 레이하르트, 『주린자는 복이 있나니』 (서울: SFC출판부, 2008). 이 책은 성찬에 대한 묵상 에세이로서, 성찬대를 중심으로 세계가 어떻게 돌아가는지에 대해 감동적으로 설명하고 있다.

(5) 위로 받고 위로하게 하자.

친구들에게 어려움이나 기쁨이 있을 때 놓치지 말고 진정으로 위로하고 기쁨을 나누는 연습을 시켜야 한다. 그리고 성도가 누리는 복 중에 '교제'가 얼마나 중요한지 기회가 왔을 때 가르치는 것이 필요하다.[24] 우크라이나 전쟁이나 튀르키에 지진, 북아프리카 재난 등 관심을 갖고 함께 기도하고 돕는 일을 하자. 또한 가까운 친구들의 어려움을 직접 도울 수 있는 기회를 제공하고 그들을 위해 기도할 수 있도록 하자.

(6) 교회연합 수련회에 참석시키자.

SFC는 중고등학생들을 노회 단위로 모아 수련회를 매년 겨울에 한다. 성경에 나오는 교회들의 이름이 오늘날 노회 단위임을 가르치자. 교회의 속성들을 가르치는 좋은 기회로 만들자. 개체교회가 어려울 때 노회는 교회를 보호하고 원리에 맞게 세우는 역할을 해 준다. 개인에게도 적용할 수 있도록 공동체와 교회를 가르치는 기회로 삼자.

하나님은 교회를 통해 우리를 더 깊이 만나주신다. 청소년들에게도 그 신앙의 전통적 경험이 이어져야 한다. 모든 각 사람을 소중하게 생각하고 그들에게 맞게 교회를 가르쳐 교회를 통한 풍성한 은혜를 누리게 해야 한다(골1:28). 교회 중고등부(SFC)운동원들이 교회를 잘 배워 자신이 혼자 버려진 존재가 아님을 깨닫게 하자. 그리고 그 감격을 다른 친구에게 전할 수 있길 기대하자. 우리는 "하나의 거룩한 보편적인 사도적 교회"를 믿는다.

---

24. 『헌법』, (서울: 대한예수교장로회 총회출판국, 2011), 76. 제26장 성도의 교제. 참조

청소년의 교회생활과 가정의 역할: 신앙 교육을 중심으로

1. 청소년 신앙교육에 있어 가정의 역할

청소년의 교회 생활에서 '가정'의 역할은 무엇일까? 청소년들에게 있어 교회는 '신앙교육의 장'이다. 대부분의 교회들이 '교회학교' 형태의 부서 모임을 통하여 청소년들에게 신앙을 교육하고 있다. 그 결과, 많은 교회와 학부모들은 청소년들의 신앙교육이 교회 교육부서의 책임이라고 생각한다. 담당 교역자와 교사가 청소년들의 신앙교육을 책임져야 하고, 자기 자녀들이 교회에 출석하지 않을 때의 책임도 담당 교역자와 교사에게 있다고 생각하기도 한다. 부모는 신앙교육의 현장에서 한 발 뒤로 물러나 있는 경우가 많다. 간혹 어떤 부모들은 교회의 신앙교육과 교육부서의 분위기나 프로그램을 평가하기도 한다. 그렇게 평가한 신앙교육이 마음에 들지 않을 경우에는 학원을 옮기듯 교회를 옮기게 하는 경우도 있다. 심지어 청소년의 신앙교육을 명목으로 부모와 자녀들이 다른 교회를 다니는 경우도 어렵지 않게 찾아볼 수 있다. 하지만 '가정'은 교회에서 이뤄지는 신앙교육의 소비자나 평가자가 아니라, 청소년 신앙교육의 '주체'로서, 교회에서 이뤄지는 각종 신앙교육 프로그램에서 중요한 역할을 감당해야 한다.

2. 청소년 신앙교육의 일차적 책임은 '가정'에 있다: 성경과 교회사

성경과 기독교 전통에서 자녀들에 대한 신앙교육의 일차적 책임은 '가정'에 있다. '쉐마'라고 널리 알려져 있는 신명기의 가르침에서 모세는 이렇게 말한다.

> "이스라엘아 들으라 우리 하나님 여호와는 오직 유일한 여호와이시니 너는 마음을 다하고 뜻을 다하고 힘을 다하여 네 하나님 여호와를 사랑하라 오늘 내가 네게 명하는 이 말씀을 너는 마음에 새기고 네 자녀에게 부지런히 가르치며 집에 앉았을 때에든지 길을 갈 때에든지 누워 있을 때에든지 일어날 때에든지 이 말씀을 강론할 것이며 너는 또 그것을 네 손목에 매어 기호를 삼으며 네 미간에 붙여 표로 삼고 또 네 집 문설주와 바깥 문에 기록할지니라"(신 6:4-9)

'쉐마'의 말씀에서 모세는 하나님만이 온 세상에 유일하고 참되신 신이시며, 이스라엘 백성들은 온 힘을 다하여 그분을 사랑해야 한다고 가르친다. 또한 이 말씀을 이스라엘 백성들이 지속적으로 마음에 새기고 기억하면서 다음세대들에게 전수해야 한다고 말한다. 특별히 믿음의 '자녀'들에게 때와 장소를 가리지 않고 계속해서 이 말씀을 들려주어서 그들이 우상숭배로 가득한 가나안에서 여호와 하나님에 대한 믿음을 잃지 않도록 할 것을 권면하고 있다. 이 말씀은 자녀들에 대한 신앙교육의 책임이 '부모'에게, 더 나아가서는 '가정'에게 있음을 분명하게 밝히고 있다. 이 말씀뿐만 아니라 성경은 여러 본문에서 부모가 자녀를 '신앙적'으로 양육해야할 책임이 있음을 밝히고 있다(대표적으로 엡 6:4). 초대교회시대 로마사회에서는 어린이들을 경시하고 그들을 향한 폭력이 자주 일어났다. 그러나 이런 분위기 속에서도 클레멘트(Clement)나 폴리캅(Polýkarpos)과 같은 초대교회 교부들은 자신들의 저서에서 하나님을 아는 지식과 경외하는 마음을 어린이들이 가질 수 있도록 가르쳐야 한다고 강조했다.[25]

초대교회는 성경의 가르침을 구전과 문답, 공동체에 대한 참여로 어린이들을 교육했다. 이 과정에서 '가정'은 어린이들의 신앙교육을 위해 중요한 장이었다. 부모들은 교회를 통해 자녀들에 대한 신앙교육의 책임을 배우고, 가정을 통하여 성경을 가르치는 일을 행했다.[26] 4세기 콘스탄티노플의 대주교였던 요한 크리소스톰(John Chrysostom)도 "모든 가정은 교회가 되고 모든 가장은 영적 목자가 되어, 자녀에게 전해야 할 이야기를 잊어서는 안 된다."라고 말했다.[27]

종교개혁자 마르틴 루터(Martin Luther)는 "오늘날에도 경건하고 독실한 가장은 누구나 자녀에게 …… 경건한 삶을 가르친다. 따라서 그런 집은 사실상 학교이자 교회이고, 가장은 자기 집의 주교이자 제사장이다."라고 말하면서 가정에서의 신앙교육의 필요성을 역설했다.[28]

종교개혁자 존 칼빈(John Calvin)도 자녀의 신앙교육에 대한 책임이 교회뿐 아니라 부모들에게도 있다는 것을 여러 저술에서 말한 바 있다. 칼빈은 창세기 18장 19절에 "내가 그로 그 자식과 권속에게 명하여"라는 부분을 주석하면서 자녀들에게 신앙을 전수하고 가르쳐야할 책임이 부모들에게 있음을 분명하게 밝히고 있다.

"그리고 정말로 하나님이 자신의 뜻을 우리에게 알리신 것은 우리가 그

---

25. 장화선, "기독교어린이교육에 대한 역사적 탐구 - 초대교회시대를 중심으로 -," 『기독교교육논총』 18 (2008): 237-38.
26. Ibid, 246-47.
27. 도널드 휘트니, 윤종석 역, 『오늘부터, 가정예배』 (서울: 복있는 사람, 2017), 38.
28. Ibid, 38.

뜻을 앎으로써 멸망하게 하시려는 것이 결코 아니라, 오직 우리가 후손들에게 그분의 증인이 되며 그들 후손들이 우리를 통하여 직접 손과 손에서 받아들여진 그 지식을 그들의 자손들에게 전달하게 하려는 것이다. **그렇기 때문에 그들이 여호와께로부터 배운 것을 그들의 후손들에게 열심히 전달해 주는 것이 부모들의 의무가 되는 것이다.**"[29]

따라서 교회 안의 많은 부모들이 가지고 있는 생각과는 달리 성경과 기독교 전통에서는 자녀들의 신앙교육에 대한 일차적 책임이 부모들에게 있다는 것을 분명하게 말하고 있다. 오늘날 많은 성도들이 신앙교육의 책임을 가지고 있다고 생각하는 '교회학교', 곧 '주일학교'는 영국의 언론인이었던 로버트 레이크스(Robert Raikes)가 산업혁명 시기에 제대로 교육을 받지 못하는 아이들을 위하여 고안한 것으로 250년 정도 밖에 되지 않은 신앙교육 방식이다. 더 오랜 역사와 전통이 자녀의 신앙교육에서 '가정'의 중요성을 역설하고 있다.

'교회학교'를 통한 신앙교육의 유익은 굉장히 크다. 한국교회도 '교회학교'를 통한 놀라운 부흥을 체험했다. 하지만 자녀의 신앙교육을 교회학교와 교사, 교역자에게 온전히 맡겨놓고 그 결과를 평가하려고만 하는 것은 그리스도인 부모로서 책임감있는 태도라고 할 수 없다. 그런 태도는 성경의 가르침과도 맞지 않고, 기독교 전통과도 큰 괴리가 있다.

---

29. 강조는 필자의 것; 존 칼빈, 『칼빈 주석: 칼빈 500주년 기념판 창세기 I 』, 존 칼빈 성경주석 출판위원회 편역, (서울: 다은, 2014), 489.

3. 청소년의 신앙교육에 부모가 끼치는 영향

청소년들이 생각할 때도 신앙교육에 있어서 부모의 영향은 굉장히 크다. SFC가 2021년에 발간한 『코로나시대 청소년신앙 리포트』에 수록된 "코로나19 시대에 따른 한국교회 청소년 사역 방안 기초조사"에 따르면, '청소년들의 신앙교육에 가장 큰 영향을 미치는 사람'으로 1순위가 '학부모'라고 38.7%가 응답했으며, 1순위+2순위로는 54.7%가 '학부모'라고 응답했다. 그리고 청소년들의 교회생활에 있어서도 부모의 영향은 굉장히 크다. '청소년들이 교회에 출석하는 동기'에 대한 복수응답에서는 '부모님 때문'이라는 응답이 57.6%로 나타났다.[30] 청소년들 스스로 신앙교육과 교회 출석에 있어 부모들의 영향을 굉장히 많이 받고 있다는 것을 알 수 있는 설문조사 결과이다.

청소년의 신앙교육에 있어서 '부모'의 역할이 중요하다고 인식하는 것은 부모들도 마찬가지이다. 목회데이터 연구소가 2021년 전국 5세~고등학생 자녀를 둔 교회출석 개신교인 1500명을 대상으로 실시한 '크리스찬 가정의 자녀 신앙교육 실태'에 대한 온라인 설문 조사 결과를 보면, 신앙교육에 있어 부모의 역할이 중요하다는 것을 부모들도 인식하고 있다는 것을 알 수 있다. '신앙적인 가정을 위해 가장 중요한 역할자가 누구인가'라는 질문에 51%가 아버지, 40%가 어머니라고 대답했다. 목회자가 중요하다고 대답한 사람은 전체 설문자수의 2%에 불과했다.[31]

교회학교가 자녀들의 신앙교육을 책임져야 한다고 말하는 일부 부모들의 볼멘소리와는 다르게, 청소년의 신앙교육에 '부모', 즉 '가정'의 역할이 무엇보다

---

30. 이현철, 문화랑, 이원석, 안성복 공저, 『코로나시대 청소년신앙 리포트』 (서울: SFC, 2021), 188-194.
31. 정성호 기자, "자녀신앙교육의 핵심은 부모이다!", 「코람데오닷컴」. https://www.kscoramdeo.com/news/articleView.html?idxno=19796

중요하다는 것을 많은 청소년과 부모들이 이미 알고 있다는 것이다.

4. 왜 가정에서 신앙교육이 제대로 이뤄지지 않을까?

청소년들도 신앙교육에 있어서 '부모'의 역할이 중요하다고 생각하고, 부모들도 신앙교육에 있어서 '부모'의 역할이 중요하다고 생각하고 있는데도, 왜 가정에서 제대로 신앙교육이 이뤄지지 않을까? 여러 가지 이유가 있겠지만 가장 큰 문제는 부모도, 청소년들도 너무 바쁘기 때문이다. 대한민국에 '맞벌이' 가정의 비율이 해마다 최고치를 경신하고 있다. 통계청이 2023년 6월 20일 발표한 "2022년 하반기 지역별고용조사 맞벌이 가구 및 1인 가구 취업 현황" 자료를 보면, 전체 유배우 가구 1269만 1000가구 중에서 맞벌이 가구 비중이 46.1%였다고 한다. 맞벌이 가구의 비율은 모든 연령층에서 고르게 높게 나타나지만, 그 중에서도 청소년들을 자녀로 두고 있는 40대와 50대의 비율이 55.2%로 가장 높았다고 한다.[32] 위에서 인용한 목회데이터 연구소의 조사에서도 부모들은 '자녀 신앙 교육의 걸림돌'이 무엇이냐는 질문에 23%가 '각자가 너무 바빠 시간이 없어서'라고 답했다.[33] 바쁜 것은 청소년들도 마찬가지이다. 통계청이 발표한 "2022년 초중고 사교육비 조사 결과"에 따르면, 중학생의 76.2%, 고등학생의 66%가 사교육에 매주 6-7시간 정도를 할애한다고 한다.

위와 같은 통계 자료를 통해 볼 때, 청소년과 부모들이 가정에서 마주 앉아

32. 권해석 기자, "맞벌이 가구 비중 46.1%…역대 최대", 「대한경제」. https://m.dnews.co.kr/m_home/view.jsp?idxno=202306201530435430369
33. 정성호 기자, "자녀신앙교육의 핵심은 부모이다!", 「코람데오닷컴」. https://www.kscoramdeo.com/news/articleView.html?idxno=19796

신앙교육을 하기 위한 물리적인 시간이 부족하다는 것을 알 수 있다. 청암교회를 담임하는 이정현 목사는 그의 저서 『주일학교 체인지』에서 제대로 신앙교육을 할 수 없는 가정의 현실을 월터 헨릭슨(Walter A. Henrichasen)의 말을 인용하여 꼬집고 있다.

> "지금 수많은 기독교 가정이 있다. 하지만 가정에서 자녀들을 영적으로 양육하는 가정은 거의 없다. 또한 가정에서 예배를 드리는 가정도 별로 없다. 그 이유는 모두가 너무 바빠서 그렇다."[34]

가정에서의 신앙교육이 제대로 이뤄지지 않는 또 다른 중요한 이유는 무엇일까? 부모들이 가정에서 신앙교육을 받아본 적이 없고, 신앙교육의 방법도 잘 알지 못하기 때문이다. 목회데이터 연구소 조사결과를 보면, 응답한 부모들의 48%가 자녀 신앙교육의 구체적인 방법을 모른다고 답했고, 73%가 자녀 신앙교육 훈련을 받은 적이 없다고 답했다.[35] 현재 청소년들을 양육하고 있는 부모들은 주로 교회학교를 통해서 신앙교육을 받으며 자라온 세대이기 때문에 가정에서 이루어지는 체계적인 신앙교육을 경험하지 못했다. 그리고 한국교회에는 서구교회에 초대교회로부터 이어져내려온 유구한 '가정예배' 전통이 제대로 자리잡기 못했기 때문에 별도의 훈련없이 가정에서 신앙교육을 행하는 것은 쉽지 않은 일이다.

가정에서 신앙교육이 제대로 이뤄지지 않는 이유는 맞벌이와 사교육으로 인하여 부모와 청소년들이 가정에서 마주 앉아 보낼 수 있는 시간이 절대적으로

34. 이정현, 『주일학교 체인지』 (서울: 생명의말씀사, 2021), 95.
35. 정성호 기자, "자녀신앙교육의 핵심은 부모이다!", 「코람데오닷컴」. https://www.kscoramdeo.com/news/articleView.html?idxno=19796

부족하기 때문이다. 그리고 시간을 낼 수 있어도 부모가 가정에서 신앙교육을 제대로 할 수 있을 만큼의 경험이나 내용이 준비되어 있지 못한 경우가 많다. 따라서 자연스럽게 자녀들의 신앙교육을 '교회학교'에 의존할 수 밖에 없게 되는 것이다.

5. 교회와 가정이 함께 협력하여 이뤄지는 청소년 신앙교육

청소년들의 신앙교육은 온전히 교회의 책임도 아니고, 온전히 가정의 책임도 아니다. 청소년들의 신앙교육은 가정과 교회가 함께 협력하여 이뤄져야 한다. 그것이 성경과 기독교 전통에서 고수해온 신앙교육의 방법론이다. 여기에 대해 현대적으로 적용된 다양한 방법들이 있을 것이다. 필자는 교회와 가정이 명확한 역할을 나누어 상호보완적으로 청소년들의 신앙교육에 힘써야 한다고 생각한다.

청소년들의 신앙교육에 있어 성경과 교회가 고백하는 신앙고백에 대한 학습은 필수적이다. 하지만 가정에서는 부모와 자녀 모두 바쁘기 때문에 이런 학습을 할 수 있는 시간을 확보하기 어려운 경우가 많다. 또 부모들이 자녀들을 전문적이고 체계적으로 양육할 수 있는 준비가 되어 있지 않은 경우가 많기 때문에 부담을 느낄 수 있다. 반면에 교회는 훈련 받은 교역자와 교사들이 있기 때문에 상대적으로 부담을 덜 느끼면서 성경과 신앙고백을 가르칠 수 있다. 교회는 교회학교를 통하여 체계적인 프로그램을 마련하여 성경과 신앙고백을 가르치는 데 힘써야 한다.

한 주에 한 번, 많아 봐야 2-3번 정도 만날 수 있는 교회학교의 교역자, 교사들과는 다르게 부모들은 비록 짧은 시간이지만 자녀들을 매일 같이 만나고 한

공간에서 시간을 보낼 수 있다. 주일의 훈련과 예배도 중요하지만, 그리스도인은 매일 말씀을 읽고 기도하는 삶을 통하여 힘들고 어려운 일상 속에서도 세상을 살아갈 수 있는 근육을 키울 수 있다. 쉬운 일은 아니지만 짧은 시간이라도 가족이 함께 모여 말씀을 읽고 기도하며 가정 예배를 가진다면 큰 유익을 얻을 수 있을 것이다. 가정은 이 시간을 통하여 자녀들이 또래 다수, 교육 체계, 일상과 여가의 많은 시간을 할애하는 엔터테인먼트 사업과 상충되는 '하나님 중심의 세계관'을 형성하는 일에 힘써야 한다.[36]

특별히 부모들이 자기들이 만난 하나님에 대한 간증과 일상 속에서 주신 은혜들에 대한 나눔을 자녀들과 함께 한다면 신앙교육에 큰 도움이 될 것이다. 부모가 어떻게 회심하게 되었는지, 그리고 하나님께서 부모들의 삶 속에 어떤 가르침을 주셔서 그리스도인으로서 자라가게 하셨는지, 그리고 하나님의 말씀을 따라 어떻게 도덕적 결정과 인생의 결정들을 내리게 되었는지 들려주어야 한다.[37]

신앙교육에 있어서 무엇보다 중요한 것은 교회 공동체에 소속되어 예배와 성례를 통하여 그리스도의 몸 된 교회에 참여하는 일이다. 부모가 교회 공동체의 일원으로서 열심히 섬기고 봉사한다면, 청소년들에게도 긍정적인 영향을 줄 수 있을 것이다.

가정에서 주일 예배를 중심으로 모든 가족 일정을 짜는 것도 청소년들의 신앙교육에 도움이 된다. 온 가족이 함께 공예배에 참석하여 함께 예배를 드리고, 성례를 통하여 '교회'라는 그리스도의 몸, 더 큰 가족의 일원이라는 것을 확인하는 것도 큰 유익이 있을 것이다. 특별히 부모가 먼저 솔선수범하여 주일에 있

36. 리처드 로스, "청소년 부모와 함께하는 가정사역", 크리스 셜리, 『가정 사역과 교회』, 김성완 장혜영 공역 (서울: 생명의 양식, 2023), 283-84.
37. 로스, "청소년 부모와 함께하는 가정사역", 287-88.

는 여러 모임이나 여가생활을 자제하면서, 자녀들에게 주일 성수와 예배 참석을 적극적으로 권면하는 일이 필요하다. 교회는 이런 유익을 온 가족이 함께 누릴 수 있도록 교회학교의 시간을 조정하거나, '세대통합예배'와 같은 예배 형태에 대해서도 검토해 볼 필요가 있다.

마지막으로 부서에 소속된 청소년들만 양육하고 심방하던 기존의 교회학교 사역 방식에서 벗어날 필요가 있다. 부모들은 신앙교육의 주체여야 하고, 청소년의 신앙이 자라는 데 있어서 중요한 역할을 하게 된다. 따라서 부모들이 교회의 신앙교육에 함께할 수 있도록 정기적인 간담회를 통해 신앙교육의 방향을 함께 모색해 나가야 한다.

위에서도 말했듯이, 부모들은 이전 세대로부터 신앙교육을 위한 적절한 모델을 배운 적이 없을 가능성이 크다. 구체적인 훈련이 없다면 부모들은 잘못된 방식으로 자녀들을 양육하게 될 수 있다. 정기적으로 교회학교의 교역자와 교사, 부모들이 함께 참여하여 그리스도인 청소년들을 올바르게 양육할 수 있는 세미나를 개최하는 것도 도움이 된다.[38] 그리고 부모들을 심방하고 자녀들의 신앙교육에 대한 고민도 함께 나눌 수 있는 관계를 모색해 나가야 한다. 청소년들을 참석시켜 주어야 하는 부담만 지워줄 것이 아니라, 믿음으로 청소년들을 양육하면서 겪게 되는 어려움과 고민들을 교회학교에서 함께 들어주고 기도해주는 것은 장기적으로 교회학교의 사역에 큰 힘이 될 것이다.

38. 로스, "청소년 부모와 함께하는 가정사역", 298.

청소년의 교회생활과 목회자 및 교사의 역할

1. 청소년 사역의 어려움

오늘날의 청소년세대는 교회를 떠나가고 있다. 아니 외면하고 있다는 표현이 정확하다. 실철신학대학교 21세기교회와 한국교회탐구센터는 2019년에 "기독 청소년들의 신앙과 교회 인식 조사"를 실시하였는데, 그 결과에 따르면 교회 출석 청소년들 중에 61.8%가 '성인 이후에도 교회를 계속 다닐 것 같다'라고 응답했다.[39] 이 응답 내용의 절반을 조금 넘는 청소년들이 장년층으로 정착할 것으로 보이지만, 이것은 미래 한국교회의 다음세대에 대한 위기를 조금 예측할 수 있게 한다. 그러나 한국교회는 코로나19를 겪으면서 이러한 예측보다 더 급격한 대격변기로 기독교 인구의 감소와 교회 존립의 위기를 경험하고 있다. 이것은 아직 현재 진행형이며, 어렵사리 버티고 있는 중이지만 임계점에 다다르면 한국교회의 민낯이 드러날 것이다. 그리고 교회 공동체는 예전과 같지 않아서 교회와의 연결고리가 점점 약해질 것이고, 제대로 된 신앙교육을 받을 수 없게 되어 제각각의 길을 걷게 되며, 스스로 신앙을 만들어 갈수 밖에 없다. 이러한 현상은 장년층보다는 다음세대인 청소년들에게 큰 영향을 미쳤다. 한국 사회에서 지속적으로 학령인구가 점점 줄어들고 있는 상황 속에서 코로나19로 인해 청소년들의 교회 출석률은 코로나19 이전에 비해 현저히 떨어졌다.[40] 이러한

39. 박종언, "기독청소년 40%, '성인되면 교회 떠날 수 있어'", 「한국성결신문」, 2019년 12월 11일.

40. 이현철 외 3인, 『위드 코로나 시대, 교회사역 트렌드 vol.2 교회현장에 대한 실증적 데이터 분석』 (서울: 생명의 양식, 2023), 43. 대한예수교 장로회 고신교단의 경우 코로나 팬데믹 이후 2년간 29%가 감소하였는데, 이것은 완만한 곡선의 감소가 아닌 급격한 인원 감소가 일어난 것이다.

현상은 코로나19 질병의 감염 과정에서 감염의 온상처럼 여겨졌던 교회에 대한 부정적 인식이 그대로 반영된 현상이라 할 수 있다. 교회에 대한 부정적 인식으로 인한 신뢰도 추락은 청소년들이 교회에 대해 느끼는 불편한 시선을 어느 정도 보여주는 것이다. 그리고 온라인 문화에 익숙한 청소년들은 코로나19로 인한 비대면 예배, 즉 온라인 예배를 전후로 대부분이 유튜브와 틱톡 등의 짧은 영상 속에 빠져 있고 익숙해져 있다. 이러한 문화적, 사회적 환경 속에 청소년들은 교회에 와서 함께 예배하는 것이 부담스럽고 익숙하지 않은 세대가 되었다. 청소년 시기는 특히 문화에 민감한 시기로 문화를 통해 자의식을 형성하고 세상을 배워간다. 과거 교회에 출석하는 청소년들은 사회와 문화를 교회 공동체를 통해서 경험하며 성장했다. 교회의 문화가 그들에게 지대한 영향을 끼쳤다. 그러나 오늘날의 청소년들은 교회를 통해 사회와 문화를 경험하는 것이 아니라 인터넷과 유튜브, SNS 등을 통해 이것들을 배운다. 이것은 상업주의적 영향으로 인해 자극적이고 선정적인 부분들이 많아 청소년들의 정신적인 부분에 상당한 영향을 끼치고 있다.

이러한 현실에 대해 청소년 사역에 관해서 많은 교회들이 문제점을 깨닫고 위기의식을 느끼며 현실적으로 적절한 대응책을 준비하려 많은 노력들을 하고 있다. 그러나 청소년 목회현장과 현실은 그렇게 좋은 편이 아니다. 개 교회의 형편과 청소년 사역자들의 부재로 청소년들의 필요를 충분히 채워주지 못하고 있다. 그리고 교회와 청소년들 사이에서의 소통의 문제도 발생한다. 또한 한국사회에 만연한 입시와 학업위주의 교육환경은 청소년들이 교회 내에서 신앙생활을 하는 데 많은 영향을 미친다. 부모들은 자녀의 신앙교육보다 학교생활과 사교육에 더 많은 관심을 가지고 있다. 더욱이 교회내에서도 이러한 분위기를 암묵적으로 인정하고 있다. 이처럼 청소년 사역 현장의 어려운 여건 속에서 목회자와 교사의 역할은 어떠해야 하는지 여러 고민이 있다. 여전히 교회는 청소년들이 교회를 떠나지 않기를 바란다. 그래서 교회는 교육부서를 담당하는 교역자와 교사들이 지금보다 더 노력하고 수고해 주기를 바라고 있으며, 그들의 수고와 노력의 결과로 청소년들이 교회를 떠나지 않기를 원하고 있다. 교회의 이런 바람보다 다음세대들인 청소년들이 이 시기에 신앙생활과 교회생활을 잘 할 수 있도록, 교회를 떠나지 않도록 목회자는 어떠한 모습과 역할을 할 수 있을까?

2. 목회자의 역할

청소년과 목회자와의 관계는 교회 내외적인 면에서 매우 중요한 역할을 한다. 목회자는 청소년의 육적인 부모는 아니지만 종종 10대 청소년들의 삶에 큰 영향력을 끼치고 있다. 요즈음 세대의 청소년들은 또래 친구들이나 아는 선배들을 통해 영향을 받고 있지만, 교회를 다니는 청소년들의 모습을 보면 교회 목회자들을 통해서 그들의 신앙과 삶의 여러 측면에서 도움과 영향을 받고 있는 것 또한 부인할 수 없는 사실이다. 그렇다면 목회자가 청소년들에게 신앙과 삶의 여러 측면에서 도움을 줄 수 있는 것들 중 몇 가지를 살펴보고자 한다.

(1) 멘토링과 지도

목회자는 청소년들이 신앙생활을 잘 할 수 있도록 돕는 중요한 역할을 감당할 수 있다. 이는 성경공부, 기도, 교리교육, 종교적 가치관 등을 함께 공유하고, 신앙적으로 성장할 수 있도록 이끌어 줄 수 있는 것을 의미한다. 그리고 이러한 관계는 서로 존중하고 이해하는 기반 위에서 이루어져야 하는 것이 원칙이다. 목회자는 자신의 삶을 통해 청소년들에게 모범이 되어야 하고, 좋은 모델을 제공할 수 있어야 한다. 이것은 말보다 행동으로 옳은 길을 안내하는 것이다.

(2) 예배 및 교육

목회자는 청소년들이 그들의 신앙적 성장과 교회 공동체 내에서의 참여를 촉진하는 예배에 참여할 수 있도록 지도할 수 있어야 한다. 청소년 시기는 성인으로 성장해 가는 준비기간이라 할 수 있기에 그들에게 하나님과 밀접한 관계를 가지게 하는 예배는 굉장히 중요한 부분이다. 전 세대를 통틀어 모든 사람들이 하나님과의 밀접한 관계가 필요하지만, 그리스도인으로서 정체성을 가지게 되는 청소년 시절에 하나님과의 밀접한 관계는 그 어느 시기보다 중요하다. 예배는 신앙적으로 성장하는 데 중요한 요소이지만, 동시에 교육적 측면을 강화할 수 있다. 성경공부, 신앙교육, 성경이야기 등을 통해 신앙적 지식을 쌓을 수 있는 시간이 되기 때문이다. 그리고 청소년들은 친구들과 함께 시간을 보내는 것을 즐긴다. 예배는 그들이 교회 공동체내에서 친구들과의 관계를 형성하고 성장할 수 있는 장이 될 수 있다.

(3) 소그룹 및 리더십 훈련

목회자는 청소년을 위한 소그룹 모임을 만들고 이끌어가야 한다. 이 모임에서는 성경공부, 중보기도, 토론 등을 통해 서로의 신앙적 고민을 공유하고 서로의 생각을 나누며 신앙생활에 대한 질문을 함께 고민하는 시간을 가짐으로써 함께 성장할 수 있는 기회가 된다. 그리고 목회자는 청소년들을 리더로 키우는 데 관심을 가져야 한다. 리더십 훈련 프로그램을 통하여 청소년들이 자신의 잠재력을 발휘할 수 있기 때문이다. 이것을 통하여 청소년들은 교회나 공동체 내에서 중요한 역할을 맡아 성장하고 자신감을 키울 수 있다. 특별히 이 리더십 훈련을 통하여 목회자는 모범적인 삶을 보여주어야 한다. 그것은 청소년들에게 영감을 주며, 그들이 성장하고자 하는 방향으로 이끌어주기 때문이고, 올바른 가치관과 윤리적 행동을 배우고 따를 수 있도록 도전하기 때문이다.

(4) 다양한 활동 및 프로그램 제공

목회자는 청소년들의 다양한 관심사와 성장을 위해 다양한 활동과 프로그램을 제공할 수 있으면 좋을 것이다. 이것은 예배나 성경공부뿐만 아니라, 음악 예술, 봉사활동, 소그룹 모임 등을 통하여 다양한 경험과 지식을 제공하고 깊은 관계를 형성하는 데 도움이 된다. 특히 사회봉사 활동을 통해 자신들의 능력과 열정을 발휘하게 되면 사회적 책임감과 선한 영향력을 기를 수 있을 것이다.

3. 교사의 역할

목회자와 교회학교 교사와의 관계는 교회 내에서 서로 보완적이고 협력적인 관계를 가진다. 이 두 역할은 청소년들의 신앙교육과 영적 성장을 위해 긴밀하게 협력하는 협력자요, 함께 청소년들을 섬기는 동역자이며 핵심적인 역할을 한다. 목회자가 교회학교의 전반적인 지도와 성장을 책임진다면, 교사는 목회자와 협력하여 교육 프로그램을 준비하고, 구체적 교육을 실시하며 예배와 전체 프로그램을 협동진행하여 청소년들의 영적 성장과 교회에 잘 정착하도록 돕는다. 교회학교 교사와 청소년간의 관계는 매우 중요하다. 청소년들은 자신을 이해하고 지도해 줄 성숙한 모범이 필요한데, 이때 교회학교 교사가 큰 영향력을 행사할 수 있다. 청소년들은 교사로부터 성경에 관한 지식뿐만 아니라, 이해심과 따뜻한 지도를 기대한다. 청소년들이 바라는 이런 것들을 생각하며 교사는 어떠한 모습과 역할로 그들에게 신앙과 삶의 여러 측면에 도움을 줄 수 있는

지에 관해 몇 가지 살펴보고자 한다.

(1) 신뢰와 안정감

청소년들은 교회학교 교사를 통해 안전하고 지지받는 환경을 찾길 원한다. 교사는 청소년들에게 신뢰를 쌓고 안정감을 주는 역할을 통해 자신의 고민이나 이슈를 자유롭게 이야기할 수 있는 분위기를 조성할 수 있어야 한다. 청소년 시기는 때론 혼란스럽고 불안정한 때일 수 있기에 신뢰와 안정감을 주며 자아 발견과 자아 존중을 돕는 역할을 한다.

(2) 신앙 성장 지원과 정체성 형성

교회학교 교사는 청소년들의 신앙 성장을 지원하는 역할을 한다. 이것은 성경공부, 기도, 예배 등을 통해 신앙생활에 대한 이해를 높여 주는 것이다. 그리고 청소년 시기는 자기 정체성을 찾는 과정이다. 교회학교 교사는 청소년들의 가치관, 신념, 목표 등을 이해하고 지도해야 한다. 신앙교육을 통해 더 깊은 인생 질문에 대한 답을 찾고, 신앙의 의미를 이해하며, 신앙을 깊이 체험하도록 돕는 것을 의미한다.

(3) 개인적 관심

청소년 개개인에게 관심을 가지고, 그들의 감정과 관심사를 이해하는 것이 중요하다. 이 부분은 교회학교 교사와 청소년 간의 상호적이고 신뢰 기반으로 이루어져야 하며, 이해심을 가지고 들어주고 적절한 조언을 해줌으로써 청소년들의 성장과 발전에 도움을 줄 수 있다. 다만 담당 목회자와의 사전 논의가 필요하다.

(4) 커뮤니티 및 소속감 제공

교회는 청소년들에게 지지와 소속감을 제공하는 곳이다. 이곳에서 교사들은 청소년들에게 안전한 환경을 제공하고, 친구 관계 형성과 서로를 지지해주는 커뮤니티를 구축해 줄 수 있다.

4. 청소년들을 향한 사명

세상에서 가장 어려운 일이 무엇인지를 묻는다면, 아마 '사람이 사람의 마음을 얻는 일'이라 말할 수 있다. 교회학교 교사나 교역자들에게 "세상에서 가장 어려운 일이 무엇입니까?"라고 묻는다면, 아마도 아이들을 가르치는 일, 특별히 10대 청소년들을 가르치고, 그들과 만나서 이야기하는 일이라고 대답할 것이다. 그 이유는 청소년들과 아무리 이야기를 한다 해도, 그들을 가르친다 해도 변화되지 않기 때문이다. 코로나19를 겪기 전부터 청소년들의 마음을 얻기 어려웠는데 지금은 그들의 마음을 얻는 것이 훨씬 더 어려워졌다. IT 기술과 인터넷의 발달에 따른 기성세대들과의 문화적 불일치로 인해 생기는 간격이 더 커졌기 때문이다. 그리고 교회에서 편견없이 공평하게 대해주는 사람이 없어 청소년들의 마음을 얻기 힘든 경우도 있다. 성적과 능력으로 인해 차별에 지친 청소년들이 교회에서만큼은 부당하거나 불평등한 대우를 받고 싶지 않거나 피하고 싶은데, 교회 안에서 은연 중에 이런 대우를 경험한 청소년들이 존재한다. 일부 청소년들은 교회에서의 경험이 자신에게 의미 있는 것으로 느껴지지 않아 목회자들과 교사들을 회피하는 경우가 있다.

교회는 청소년들이 성장하고 신앙을 굳건히 하는 곳이다. 이런 곳에 청소년들을 돕는 목회자들과 교사들이 존재한다. 그들은 청소년들이 올바른 가르침과

도전을 받아 성장할 수 있도록 도와주는 중요한 존재로서, 청소년들에게 큰 영향을 미치는 역할을 하고 있다. 뿐만 아니라 그들은 청소년들의 신앙과 삶을 형성하는 데도 큰 영향을 준다. 즉 성경의 가르침을 전하고, 신앙생활을 지도하며, 예배와 기도를 통해 신앙을 실천하도록 이끌어 줄 수 있다.

목회자와 교사는 청소년들의 지적, 감정적, 사회적 발달에도 영향을 미친다. 그들은 청소년들의 문제와 고민을 듣고 이해해주며, 올바른 방향으로 이끄는 데 도움을 줄 수 있다. 청소년들이 자아를 발견하고, 자기 존중감을 키우며, 사회와의 관계에서 건전한 태도와 사회적 책임감을 형성하는 데도 도움을 줄 수 있다. 이런 점에서 그들은 청소년들의 성장을 돕는 조언자의 역할을 감당하여 그들에게 문제에 대한 도움을 주고 올바른 결정을 내릴 수 있도록 아낌없이 도와야 할 것이다. 뿐만 아니라 목회자와 교사는 청소년들이 서로 사랑하고 배려하는 가치를 이해하도록 도울 수 있다. 즉 청소년들에게 교회활동을 통해서 공동체의 중요성을 가르치며 강조하여 팀 활동이나 그룹 활동을 통해 협력과 리더십을 배울 수 있게 돕는 것이다. 이런 활동을 통하여 그들에게 봉사와 사랑의 중요성을 가르쳐 줄 수 있다.

한편 목회자와 교사는 청소년들에게 가르침뿐만 아니라 그들의 진정한 멘토가 될 수도 있어야 한다. 청소년들은 어려움을 겪을 때 사랑과 지지와 조언을 필요로 한다. 목회자와 교사는 이해심을 가지고 그들을 돕고, 그들의 염려와 고민을 듣고 지원할 수 있어야 한다. 따라서 목회자와 교사는 그들의 신념과 가치관을 존중하면서 성경의 가르침에 위배되지 않는 선에서 건강한 지도자로서 올바른 방향을 제시해야 한다.

마지막으로 목회자와 교사는 청소년들에게 예수 그리스도의 사랑과 관심을 보여줄 수 있어야 한다. 그들의 삶과 행동이 예수 그리스도의 사랑을 반영하면서도, 편안하게 예수님의 사랑과 교훈을 통하여 청소년들이 신앙을 지속하고 깊이 있게 성장할 수 있도록 도와주어야 한다. 성경 지식만 가르치는 것이 아니라 그리스도의 비전과 사랑까지 나눌 수 있는 사람이 되어야 한다. 이러한 목회자와 교사의 역할은 청소년들이 교회생활을 통해 성숙하고 굳건한 신앙을 가지고 세상에 기여할 수 있는 성인으로 성장하는 데 큰 도움을 줄 수 있을 것이다.

청소년 사역에 있어 예배 및 청소년 수련회의 중요성

1. '잘파세대'가 등장하다

코로나 시기를 지나면서 우리는 많은 것을 잃어버렸다. (주)마크로밀 엠브레인에서는 이 시대를 "피드백의 부재"라고 규정하고, '피드백'의 부재로 인해 '어른', '친구', '직장동료'를 잃어버렸다고 한다.[41] '어른'의 부재는 '멘토'의 부재이다. 비단 어른이라 함은 앞선 자들로서 본이 되는 사람들이다. '어른'이라는 평가가 각기 다르다보니 따라가야 할 사람이 없어졌고, 어른을 따르려 하지 않는 다음세대, 즉 어른의 책임이 부담스러워 어른이 되기를 꺼려하는 청년들이 나타났다. 우리는 어른(멘토)을 잃어버려 보고 배워야 할 '길잡이'를 잃어버렸다.

'친구'의 부재는 '조언자'의 부재이다. 과거에는 친구가 많은 것이 힘이었고 능력이었다. 하지만 지금의 시대에 친구는 자기답게 살지 못하고 타인에게 맞춰야 할 불편한 존재로 여긴다. 많은 친구가 아니라 필요한 친구만을 만나고, 필요에 따라 어떤 사람이든 상관없이 만나는 세대가 나타났다.[42] 필요에 따라 만나는 친구, 작은 공통점만으로 만나는 관계에서는 진심으로 믿어주고 바른 길을 갈 수 있도록 충고해주는 친구가 사라졌다고 볼 수 있다.

'직장동료'는 같은 목표를 가지고 사는 '동역자'이다. 취직과 동시에 이직을 준비하는 세대, 그렇게 해야만 살아갈 수 있는 시대를 살고 있기에 같은 목표를 가진다는 것은 허울 좋은 소리가 되었다. 교회가 추구하는 '하나님 나라', '복음'

---

41. 최인수, 윤덕환, 채선애, 이진아, 『트렌드 모니터 2024』 (서울: 시크릿하우스, 2023), 8.
42. 김난도 외, 『트렌드 코리아 2023』 (서울: 미래의창, 2022), 222. 필요 적절히 만나는 관계를 인덱스 관계라고 칭한다.

이라는 공통적 목표에 함께 걸어가는 동역의식을 공유하기가 어려운 시대가 되었다.

우리가 만나는 청소년들을 잘파세대[43]라고 한다. 그들은 이런 특징들을 가지고 있으며 익숙해져 있다. 교회 내에서도 이런 특징들은 나타난다. 코로나 시기가 10대 초반이었던 잘파세대는 피드백 부재로 사회를 경험하지 못하게 되었다. 교회 수련회와 예배도 비대면으로 진행되어 신앙생활을 보고 배울 사람들을 잃어버렸다. 부모조차 대면예배 참석을 반대하고 코로나 이후에도 방치하는 분들도 있다.[44] 마음을 나눌 친구도 만나지 못하여 바른 길이 아니라 자신이 원하는 길을 가고 자신을 정당화시키며 죄로 여기지 못하고 있으며, 예배와 신앙의 전통들이 얼마나 귀한 것인지 깨닫지 못하고 아무것도 아닌 것처럼 취급해 버리고 있다.

무엇인가 부재하다는 것은 '결핍'이며, 결핍은 '욕구'로 이어진다. '원함'이 생기기 마련이다. 이제 교회는 '원함'을 채워주어 복음으로 이끌어야 한다. 교회 내에서 바른 어른의 모습을 보여주며, 친구와 같은 역할을 감당하고, 바른 신앙의 전통을 잘 전수하도록 애를 써야 한다. 어떻게 하면 복음을 잘파세대 문화에 잘 녹여 낼 것인지 뱀 같은 지혜로움과 비둘기 같은 순결함으로 접근해야 한다. 그것을 가장 잘 할 수 있는 시간이 수련회와 예배시간이다. 수련회와 예배가 어떻게 중요한지, 무엇을 보여주며, 무엇을 보여줘야 할 것인지 알아보자.

---

43. 문화적으로 한 세대를 15년으로 규정하여 95년생부터 09년생까지를 Z세대라고 규정하고 그 후 10년생 이후 출생한 사람들을 알파(A)세대라고 한다. 현재 중,고등학교 청소년들은 Z-A세대로 "잘파세대"라 명명한다.
44. http://www.mhdata.or.kr/bbs/board.php?bo_table=koreadata&wr_id=147

2. 수련회의 중요성

청소년 수련회 저녁 경건회 기도회 시간이다. 많은 청소년들이 뜨겁게 기도하고 있는 중에 중학교 1학년 친구들 몇 명이 눈만 멀뚱멀뚱 뜨고 있다. 뒤에서 지켜보던 한 선생님께서 발을 동동 구르며 안쓰러워하며 말씀하셨다. "어떡해요~ 기도시간에 기도하고 하나님 만나야 할 텐데" 그러자 옆에 청소년 부서를 오래 섬긴 선생님께서 편안하게 위로하며 말씀하셨다. "괜찮아요. 다 보고 있어요."

(1) 하나님을 만남(영접)

"당신은 언제 하나님을 만났습니까?" 일반적으로 영접에 대해 질문할 때 이렇게 질문하면 대부분의 성도들은 "저는 수련회 때 하나님을 만났습니다."라고 하며 인생 첫 회심의 경험에 대해 답할 것이다. 이 질문과 답에 대해 신학적 시시비비를 가리고자 함은 아니다. 그저 수련회가 회심에 대한 경험을 그게 줄 수 있다는 것을 강조할 뿐이다.

1700년대부터 일어난 1차 대각성운동과 1800년대 2차 대각성운동으로 큰 부흥이 일어났다. 조나단 에드워즈를 비롯하여 조지 휫필드, 찰스 피니, D. L.무디, 건초더미 기도회 등 부흥의 주역들이 활동했고, 이들이 이끌었던 방식은 순회 집회, 캠프형식의 집회였다. 1970년대 빌리그레함 전도 대회를 비롯하여 한국교회에도 집회, 수련회 문화가 정착하기 시작했다. 이런 수련회의 가장 큰 특징은 회개의 촉구와 영접이었다. 순회하며 전도의 기회로 말씀을 전했고 믿음이 없는 자들을 믿게 만들었으며, 믿음이 약한 자들을 다시 헌신시키는 역할을 했다.

현재의 수련회도 마찬가지이다. 우리는 수련회를 신앙수준이 낮은 자들을 위해 기획할 필요가 있다.[45] 믿음이 없는 자에게 복음으로 권면하여 기도하게 만들고 말씀을 통해 하나님을 경험하게 하는 일들을 집회 가운데 이루어야 한다.

또한 복음을 받아들였다고 해서 하나님의 사람으로 잘 사는 것은 아니다. 고난과 죄 가운데 너덜너덜해져 녹초가 된 마음으로 수련회에 참여하는 자들이 있다. 그들도 수련회를 통해 유일한 위로[46]가 되시는 하나님을 만나 회복을 얻고, 헌신을 다짐한다.

각기 다른 마음이지만 함께 찬양하고 말씀 듣고 기도하는 모습을 보인다. 이 모습을 누군가는 보여주고 누군가는 보고 있다. 믿음이 약한 자들은 선배들의 모습을 보며 자라간다. 언젠가 본인도 은혜를 경험하고 그 자리에서 기도하는 자의 모습을 보여줄 것이다. 수련회의 유익과 강점은 여기에 있다. 하나님을 만남으로 회개와 회복을 경험하고 재헌신을 다짐하는 일들이 있고, 그 모습을 보여주고 볼 수 있는 '어른'의 모습이 있다.

(2) 교회의 하나됨

수련회의 핵심은 '관계'여야 한다. 첫째는 하나님과의 관계이며, 둘째는 교회 내 지체들과의 관계이다.[47] 그런 의미에서 집회 외 다른 수련회 프로그램은 놀이로 구성하면 좋다. 놀이를 통해 성도간의 하나됨을 경험한다. 집을 떠나 숙박을 하면서 친분을 맺고 희생과 섬김을 통해 함께 지어져가는 연습을 한다. 청소년을 사역할 때 초신자들을 계속해서 교회에 데리고 오게 하는 것이 중요하다. 1년에 한 번 전도행사 때만 아니라 주기적으로 초청한다. 그리고 그 초신자가

---

45. 이재욱, 『중고등부 2년 안에 성장 할 수 있다.』, (서울: 좋은 씨앗, 2009), 173.

46. 하이델베르크 교리문답 1문은 "유일한 위로"에 대해 질문하며, 그 답으로 "살아서나 죽어서나 나는 나의 것이 아니요, 몸도 영혼도 나의 신실한 구주 예수 그리스도의 것입니다."라고 한다. 우리가 그리스도의 소유가 될 때 유일한 위로를 얻는다.

47. 이재욱, 174.

수련회에 참석하면 정착하게 될 가능성이 높다. 그 이유는 수련회 때 하나님을 경험하기 때문이라기보다는 수련회 때 친구가 생기기 때문이다.

같은 주제 아래서 같은 말씀을 듣고 같은 기도제목으로 기도하며, 같이 프로그램을 참여하다보면 '친구'가 생기고, '동역의식', '비전'이 생긴다. 수련회를 통해 시대의 결핍이 채워지기 시작한다.

3. 예배의 중요성

> 오랜만에 부모님을 뵈러 갔다. 삼대가 모여 저녁 식사를 한다. 손주, 손녀들은 따뜻한 전기장판 위에서 누워 휴대폰을 한다. 부모들이 식사가 차려진 식탁을 들고 방으로 들어온다. 아이들은 이불을 덮어 쓰고 TV가 제일 잘 보이는 정면에 앉아 밥을 먹는다. 할아버지, 할머니는 찬 바닥에 앉아 TV를 측면에 두고 손주, 손녀 밥부터 먹인다. 그 모습을 본 아빠가 손주가 되는 아들에게 말한다. "아들, 이거 뭔가 잘못된 거 아니야? 할아버지가 따뜻한 곳에 앉아서 드셔야 하는 거 아닐까?"라고 말한다. 그러자 아들이 이렇게 답한다. "아빠, 그건 맞는 말인데요. 그렇게 말하면 꼰대에요."

농담 반 진담 반으로 초등학교 4학년 아들이 한 말이다. 물론 웃자고 한 말이겠지만 가만히 생각해 보면 예의를 가르치려면 꼰대가 되어야 한다는 뜻이 담겨 있다. 교회 예배의 모습을 살펴보자. 주일 공예배에 얼마나 많은 청소년들이 참여할까? 공예배야말로 삼위하나님과의 교제의 핵심인데, 공예배를 잘 가르치고 중요하다고 말하면 우리는 꼰대가 된다. 그래도 예배를 가르쳐야 한다. 청소년을 사랑하는 온 성도들이여! "거룩한 꼰대가 되자."

(1) 초막절(장막절)의 교육

이스라엘 역사상 중요시 여기는 절기 중 하나가 초막절이다. 초막절은 일 년에 한 번 집을 두고 초막을 지어놓고 7일간 그곳에서 생활한다. 그런 생활은 광야 생활을 상기시킨다. 부모는 자녀에게 조상들이 광야 40년을 지내는 동안 이렇게 생활했음을 몸소 보여주며, 하나님께서 어떻게 먹이시고 입히시고 인도하셨는지를 설명한다. 우리식으로 말하면 '신앙 체험학습기간'인 셈이다. 보여줌으로써 자녀에게 신앙교육을 시켰다.

우리 역시 신앙을 보여줄 필요가 있다. 보여주기 이전에 문제가 있다. 애들이 말을 안 듣는다는 것이다. 결국 부모가 꼰대가 되는 수밖에 없다. 우리가 신앙의 부모세대라면 예배에 관해선 일절 타협이 없어야 한다.

문제는 또 있다. 예배에 대한 중요성을 인지하지 못하는 부모세대가 그것이다. SFC가 『코로나 시대, 청소년 신앙 리포트』를 통해 '왜 교회에 출석합니까'를 물어본 결과 '자기 신앙 때문'으로 답한 것이 1위를 차지했다.[48] 또한 자기 신앙에 가장 큰 영향을 준 사람으로 '부모님'이라는 응답이 가장 많았다.[49] 이렇게 볼 때 청소년들은 신앙생활에 그렇게 무관심하지 않다는 것과 그들의 신앙에 부모의 역할이 가장 중요하다는 것을 추론할 수 있다. 부모에겐 언약백성으로 자녀를 키울 막중한 사명이 주어졌다. 그럼에도 부모들은 자녀에게 계속 지고 있다. 통계에 따르면, 크리스천 가정의 자녀 42%가 주일예배를 드리지 않거나 가끔 드린다고 한다.[50] 왜 그렇게 되었을까? 부모들이 예배의 중요성을 모르고 있기 때문이며, 자녀와의 관계가 나빠질까봐 이를 지적하지 못하기 때문이다. 따라서 부모는 예배, 신앙적 측면에 있어서는 꼰대가 되는 한이 있더라도 자녀

48. 이현철외, 『코로나 시대 청소년 신앙 리포트』 (서울: SFC, 2021), 226.
49. Ibid, 216.
50. http://www.mhdata.or.kr/bbs/board.php?bo_table=koreadata&wr_id=147

에게 지지 말아야 한다. 그리고 먼저 보여주어야 한다. "우리가 믿는 것이 행동으로 보일 때 청소년은 교회의 진정성을 볼 것이다."[51]

(2) 하나님은 공예배 중에 무엇을 보여주실까?

먼저 예배를 정의할 때 주일 '공예배'라 칭하겠다. 주일학교 예배 혹은 수련회, 집회들과는 달리 말씀과 성례와 권징이 있는 주일 공예배를 가리켜 예배라고 한다. 예배는 삼위하나님의 임재이며, 성도들과 관계를 맺는 예식이자 하나님의 통치를 확인하는 자리이다. 하나님은 예배 순서 하나하나에 의미를 두고 하나님의 말씀과 성도의 화답으로 서로 주고받는 모습을 보여주신다.[52] 간단히 언급하면, 먼저 하나님께서 예배의 부름으로 성도를 부르시고 성도는 죄의 고백으로 하나님께 화답한다. 죄 사함의 선포가 있은 후 하나님께 찬양을 올려드리고, 설교를 통해 하나님께서 말씀하시면 예물을 드림으로써 화답한다. 하나님은 예배의 자리에 있는 성도들에게 복을 선포하심으로 성도들을 세상으로 파송한다.[53] 이처럼 예배는 하나님과 자기 백성과의 교제의 시간이다. 그렇게 하나님을 만나는 자리가 예배이다.

하나님은 눈에 보이지 않으시기에 우리를 위해 눈에 보이는 예수님을 주셨다. 그것이 바로 성찬식이다. 말 그대로 예수님의 살과 피를 떡과 잔을 통해 먹음으로써 내 속에 그리스도께서 사심을 확인하는 것이다. 또한 그 떡과 잔은 내 영의 양식으로 작용하여 우리의 영을 살게 한다.

세례를 통해 삼위하나님께서 나를 깨끗케 하셨음을 물을 통해 보여주시고

---

51. 딘 보그만, 『이야기 청소년 신학』 (서울: 샘솟는 기쁨, 2019), 29.
52. 판 도른, 『예배의 아름다움』 (서울: SFC, 1994), 24. 예배와 성례는 쌍방 교통이 있으며, 있어야 한다. 예배 순서의 원리들도 쌍방교통으로 이루어짐을 설명한다.
53. Ibid, 27-28. 예배 순서를 크게 개회, 죄의 공적인 고백, 말씀의 봉사, 성례집행, 기도와 중보, 자비의 사역, 폐회로 나누며 그 안에서 쌍방향적 사역을 더 구체적이고 자세히 설명한다.

새사람이 되었음을 확인시킨다. 다른 지체들이 세례를 받는 모습을 함께 보면서 그들의 증인이 될 뿐 아니라 나의 모습을 기억하게 하며 하나님의 사람 되심을 확인하도록 보여주신다.

하나님은 자신의 모습을 목회자를 통해 보이신다. 예배의 마지막 시간인 '복의 선포' 때에 목사는 복을 선언하시는 하나님의 모습을 나타낸다. 이때 성도는 눈을 떠서 나에게 두손 들어 복을 주시는 하나님의 모습을 목회자를 통해 확인한다. 목사를 보는 것이 아니라 하나님을 보는 것이다.[54]

(3) 부모는 무엇을 보여줘야 할까?

예배 중에 하나님께서는 자기를 보여주신다. 부모세대 어른들은 이런 예배의 신비, 아름다움을 먼저 알고 경험해야 하며, 그것을 다음세대 청소년들에게 잘 가르치고 알려줘야 한다. 예배 중 하나님의 모습을 '목사'라는 직분자를 통해 보이셨듯이 가정에서는 '아버지'를 통해 하나님의 모습을 드러내신다. 부모가 그 역할을 감당해야 한다. 부모가 가장 중요시 여겨야 할 사역은 '세례'와 '결혼'이다. 세례는 자녀가 하나님의 언약 백성임을 증명하는 예식이며, 결혼은 이젠 자녀가 아니라 언약의 부모로의 첫 걸음이기 때문에 가장 중요하다.[55]

이 사역을 이루기 위해선 가정을 통해 주중에서도 하나님 나라를 지향하는 예전에 몰입할 기회를 마련해야 한다. 예배의 확장으로 삶의 방식을 만드는 셈이다.[56] 청소년들을 예배당 중심으로 함께 예배드리는 훈련을 시킴으로써 예배의 아름다움 안에 머물게 하는 것이 중요하다.[57] 그리고 더 나아가 가정을 중심

---

54. Ibid, 68.
55. 제임스 K. A. 스미스, 『습관이 영성이다』 (서울: 비아토르, 2018), 182.
56. Ibid, 180.
57. Ibid, 238.

으로 예전적 삶을 살도록 해야 한다.

4. 중요한 이 사역에 우리가 함께

사람이 살아가면서 어려운 것 두 가지가 있다. 첫째는 '변화되는 것'이며, 둘째는 '변함 없는 것'이다. 신앙에 있어 죄의 종노릇하다가 그리스도를 영접하여 변화되는 것이 얼마나 어려운 일일까? 한번은 설교 중 성도들에게 물었다. "예수님이 하나님의 아들이신데 인간이 되셨음을 믿습니까?", "그분이 내 죄를 위해 고난당하시고 십자가에 죽으심을 믿습니까?", "그분이 부활하시고 승천하셨으며, 보좌 우편에 계시다가 다시 오실 것을 믿습니까?" 모두 아멘으로 화답하자 "여러분들은 다 제정신이 아니십니다."라고 말한 적이 있다. 상식적으로 이것이 어떻게 가능할까? 그래서 이것이 믿어진다는 사실이 기적이다. 성령님의 도움 없이는 절대 불가능한 일이다. 그래서 어렵다.

믿음으로 구원 받으면 그 감격으로 살 수 있을까? 변함없이 사는 인생은 더 어렵다. 복음송 중에 "천년이 두 번 지나도"라는 곡이 있다. 가사를 보면 "천년이 두 번 지나도 변하지 않는 건 당신을 향한 하나님의 사랑이에요."라고 고백한다. 우리를 돌아보면 어떨까? 그 사랑 앞에 "하루에도 열두 번도 변하는 주님을 향한 내 사랑이에요."라는 고백이 내 삶과 어울리진 않는가?

'변화되는 것'과 '변함없는 것'을 잘하기 위해서 청소년에게 잘 변할 수 있도록 기회를 주는 것이 '수련회'라고 한다면, 그 변화된 삶을 유지하는 것은 매주 드리는 '공예배'가 될 것이다. 복음으로 초청하는 '수련회'와 성숙한 그리스도인으로 살도록 성장시키는 '공예배'라고 할 수 있다.

청소년들에게 이 중요한 사역들을 앞선 세대들이 먼저 어른으로 보여줄 수 있길 바란다. 그리고 친근한 조언자로 옆에서 잘 이끌어주며, 비전을 제시하고 한발 함께 걸어가 줄 동역자가 교회 내에 많아질 때 교회가 든든히 세워져 갈 것이며, 다음세대가 밝아질 것을 확신한다.

청소년을 위한 교리교육의 필요성

1. 한국교회의 교리교육의 역사

한국교회의 초창기에 교리교육이 있었음을 확인할 수 있다. 1907년 독노회를 통해 장로교는 '12신조'를 신앙고백서로 채택한다. 이는 웨스트민스터 신앙고백서의 요약본으로 1904년 인도 장로회에서 작성한 것이다. 교리교육서로는 1905년 웨스트민스터 소요리문답을 번역한 '성경 요리 문답'이 있었다. 1911년에는 『성경 요리 문답주석』이 작성되기도 했다. 그밖에도 존 로스가 한국어로 신약성경을 번역한 후 예수성교문답[58]을 작성하여 교리교육이 이루어졌다. 존 매킨타이어가 작성한 『예수선교요령』도 교리교육 교재이다. 1934년에는 『조선예수교장로회 신조』와 『소요리문답』이 발간되었다. 이는 웨스트민스터 신앙고백서와 성경 요리 문답의 합본으로 한국 장로교 총회의 결의에 따라 발간된 교리와 교리교육서다.[59]

이런 흐름 속에 『십계요해』, 『사도신경요해』와 같은 교재들도 등장한다. 십계요해는 당시 한국 감리교에서 부교역자로 사역하던 오기준이 글을 쓰고, 모리스 선교사에 의해 1911년 발행된 책으로 한국인과 한국 문화의 관점에서 해석하고자 한 것이 특징이다. 언더우드 선교사에 의해 만들어진 사도신경요해도 한국인의 정서에 맞게 설명하고 있다.[60]

아이들을 위한 교리교육 교재도 출판되었다. 미국 감리교 선교사인 무스가

58. 스코틀랜드의 교리교육서 번역본.
59. 정두성, 『교리교육의 역사』 (서울: 세움북스, 2016), 220.
60. ibid, 227-28.

무디의 『어린이들을 위한 성경 문답(Bibls questions and Answers for Children)』을 번역한 『신구경요지문답』, 1915년에 인골드 테이트 선교사에 의해 작성된 『어린아희문답』등이 있다. 이후 수정 보완해서 『예수교초학문답』을 출판한다.[61] 그 외에도 기독교 가정, 믿음, 그리스도인의 삶, 전도법, 변증법 등을 다루는 다양한 신앙 서적들이 발행되어 교리교육에 도움을 주었다.[62]

교리와 관련하여 한국교회의 초창기에는 사경회가 있었다. 사경회는 합심기도와 함께 성경과 교리 중심의 모임이었고, 새벽에 모여 기도하는 것으로 시작하고, 모인 이들이 전도를 나가기도 했다고 전해진다. 이런 사경회의 토대 위에서 1907년 대부흥이 있었다. 이 후에는 부흥사경회로 자리하게 된다.[63] 이후 교회에서는 세례문답을 하면서 예수 그리스도에 대한 고백과 전도의 삶에 대해 권면했다. 교리와 교리의 실천을 함께 확인한 것이다. 이렇게 한국교회의 초기에는 교리와 교리의 실천이 함께 강조되며 믿음과 그에 의한 삶의 변화가 있었다.[64]

하지만 교회의 양적 성장에 대한 열망이 커져 가면서 교리교육의 자리가 점점 약화된다. 많은 사람을 모으는 것이 중요한 가치로 자리하면서 교회의 문턱은 낮아졌고, 교회로 허입하는 과정에 교리를 앞세우지 않게 된다. 이는 복음주의적 성향과 만나 개인주의적 신앙을 양성했고, 예수님을 어떻게 고백하느냐에 자신의 감정과 자신의 바람을 중요하게 여겼다. 성경에서 예수님을 어떻게 말하는지 살피지 않는 것이다. 딱딱하게 여겨지는 교리교육보다는 자신의 경험을 나누는 간증이 더 큰 의미를 가졌다. 이후 종교개혁에 대한 이해들이 바로 잡혀 가며 공통된 고백, 교리교육의 필요성에 대한 의식이 고취되었다. 종교개혁 이

61. ibid, 229-30.
62. ibid, 231.
63. ibid, 244.
64. ibid. 244.

후의 신앙고백서와 교리문답에 대한 번역본과 해설서들이 출판되었고, 청소년과 어린이들의 눈높이에 맞는 문답서도 등장한다. 성경과 교리에 대한 이해를 바르게 말하고, 교리교육의 중요성을 강조하는 교회들이 생겨났다. 물론 균형을 이루는 것에 대한 고민은 여전하다.

한국교회의 교리 역사가 보여준 과정은 교회의 역사에서도 나타난 모습이다. 초대교회는 세례 교육과 이단에 맞서 교리교육이 자리했다. 성경에서 계시된 삼위 하나님에 대한 고백을 확인한 것이다. 하지만 성경의 권위가 무너진 중세교회 때는 교리교육이 자리를 잃었으며, 종교개혁을 통해 다시금 그 자리를 찾아간다. 이렇듯 교리교육의 역사를 통해 분명히 알 수 있는 것은 성경에 대한 이해가 교리교육과 맥을 함께 한다는 것이다. 교리는 성경의 진리 그 자체이다. 교리교육은 곧 성경을 가르치는 것이다. 또 여기서 놓치지 않아야 하는 것은 교리교육이 삶을 가르치고 있다는 점이다. 성경이 하나님께 대한 믿음과 삶의 모습을 담고 있기에 그렇다. 한국교회 초창기에 교리교육의 결과로 삶이 바뀌고, 전도하는 삶을 권면한 것이 이런 이유이다. 따라서 우리는 한국교회의 초창기 모습을 통해 먼저는 교리교육이 있었다는 것과 교리교육이 삶의 변화를 동반했다는 사실을 기억해야 한다.

2. 한국교회의 청소년

한국교회는 입 모아 교회의 위기를 말한다. 이유는 간단하다. 교인이 줄어들고 있기 때문이다. 다음세대인 청소년들의 비율도 줄어들고 있다. 현재도, 미래도 장담할 수 없는 교회 분위기이다. 청소년들은 공예배에 잘 참석하지 않는다. 학업에 밀려 중고등부 모임마저 뒷전이 되고 있는 실정이다. 시험 기간에는 학원 가는 것이 당연한 분위기이다. 이런 모습이 오늘 내일의 문제는 아니다. 교회 어른들은 공부 잘하는 아이들을 칭찬하며 세상에서도 높아지기를 기대한다. 공부하겠다는 의지가 있다면 예배에 빠지는 것쯤은 쉽게 여기는 부모들이다. 신앙보다는 세상에서의 성공을 중시하는 분위기가 교회 안에서 영향력을 가진다. 이에 대해 청소년들은 더 적극적인 모습이다. SNS를 통해 더 빨리 세상의 성공, 세상의 분위기를 배운다. 세상이 이끄는 대로 빠르게 이끌려 간다. 이들은 자신이 주도하고, 자신의 판단으로 중요도를 인식한다. 신앙보다 학업이 중요하다 판단하는 그들의 선택이 스스로 예배를 뒤로 미루는 것이다. 이전에는 수동적이었다면 이제는 능동적이다. 이전에는 공부 잘하기를 바라는 부모의 바람이 그들을 학원으로 몰아내었다면, 지금은 그 바람을 받아들인 자신의 판단에 따라 학원으로 향한다. 이렇듯 청소년들의 분명한 특징은 '자기 주도적'이다. 신앙생활에 있어서도 자기 중심적인 태도를 가진다. 그렇기에 그들을 설득할 수 없는, 강압적인 권면으로는 그들을 예배의 자리로 이끌 수 없다. 마찬가지로 청소년들이 예배의 자리에 앉아 있다면 무엇 때문에 앉아 있는지 살펴야 한다. 앉아 있게 하는 요소가 자기 중심적인 신앙, 또는 성경과 상관없는 다른 진리일 수 있기 때문이다.

2021년에 실시된 설문 조사에서 청소년들의 신앙고백 수준이 높게 나타났다. 청소년들은 '나는 예수 그리스도를 믿음으로 말미암아 구원받음을 믿습니다'라는 질문에 5점 척도에 4.37점, '나는 하나님의 천지창조를 믿습니다'는 4.33점, '나는 성경이 정확무오한 하나님 말씀임을 믿습니다'는 4.26으로 조사되었다.[65] 긍정적인 측면에서, 높은 수준의 신앙고백은 신앙에 대한 관심이 있음을 보여준다. 이들에게 체계적인 성경의 가르침이 주어진다면 더 깊고 바른

---

65. 이현철 외5 공저, 『위드코로나시대 다음세대 신앙리포트』, (서울: SFC, 2022), 200-201.

신앙 생활이 가능하게 될 것이다. 물론 부정적인 측면도 고려해야 한다. 자기 중심적이고, 잘못된 이해로 나타난 신앙고백일 수도 있기 때문이다. 이러한 양 측면에는 교리교육이 필요하다. 체계적인 성경의 가르침도, 잘못된 이해를 바로잡는 것도 교리교육을 통해 가능하다.

3. 교리교육의 필요성

교리교육은 성경의 진리를 가르치는 것이다. 성경을 바르게 읽었는지 확인할 수 있는 척도이며 성경 전체가 무엇을 말하고 있는지 큰 그림을 그려준다. 앞에서 청소년들은 '자기 중심적인 신앙을 가지기 쉽다'고 했다. '자신의 판단대로 자신이 그리는 하나님을 주로 고백할 수 있다'고도 했다. 이런 이들에게 객관적이고 분명한 하나님을 가르치며 공동체적인 신앙을 가지게 하는 것이 교리교육이다. 교회는 공동체이다. 하나님은 한 몸으로 교회를 부르셨다. 세대를 넘어 언제나 동일하게 역사하시는 한 하나님을 주로 고백하는 하나의 공동체이다. 교리교육은 이를 누리게 한다. 교리교육은 목적 자체가 공동체적이다. 성경에 계시된 하나님을 동일한 언어로 교회가 함께 고백하게 한다. 잘못된 고백을 깨트리며 계시하신 대로 하나님을 고백하는 것이다. 이는 성경을 주신 목적과도 다르지 않다. 예수님은 '성경은 나에 대해 기록한 것'이라 하셨다. 예수님이 이루신 구속 안에서 삼위 하나님께서 하신 일이 드러난다. 교회를 향한 '계획과 사랑, 그리고 결국'에 대한 것을 알리시며 자신이 누구신지, 또 무엇을 위해 일하시는지 알게 하신다. 이것을 넘어서지 않도록, 또 충분하다 알리시며 성경의 내용을 더하거나 빼지 말라 하셨다. 하나님은 분명하게 자신을 계시하시고 자신을 찬양하며 높이길 원하신다. 교회 공동체로 부름 받은 자들이 함께 그렇게 하길 원하신다.

그런데 교회는 지금 나뉘어져 있다. 부서별로, 연령대로 나뉘어져 있다. 이런 환경에서 신앙생활을 하는 교회는 하나됨을 느낄수 있는 가르침이 필요하다. 교리교육은 같은 언어로 동일한 고백을 하게 한다. 이를 통해 교회가 왜 하나인지 알 수 있다. 또래별 모임을 통해 경험한 자신의 성향과 주관적인 판단이 아닌 삼위 하나님 때문에 하나임을 고백할 수 있게 한다. 잘 알지 못하는 어른과 꼬마도 삼위 하나님 때문에 하나 되었음을 깨달을 수 있다. 이렇듯 교리교육은 세대를 뛰어 넘어 모두를 하나로 부르신 하나님을 보고, 'MZ세대'라는 특징에 갇히지 않는 청소년을 길러내게 한다.

교리교육은 성경의 전반적인 가르침을 통해 청소년을 균형있게 자라게 한다. 이는 믿음과 삶의 균형이기도 하다. 성경은 그리스도인에게 믿음과 소망, 사랑이 있어야 함을 가르친다. 교리는 이 내용을 담고 있다. 우리가 믿는 하나님에 대한 사도신경, 우리가 소망을 구하는 주기도문, 그리고 우리가 받은 사랑으로 사랑하며 살아야 함을 가르치는 십계명이 그것이다. 교리교육은 우리가 무엇을 근거로, 어떻게 살아야 하는지 가르친다. 우리의 구원을 위해 보이신 사랑을 아는 그분에 대한 신뢰로, 그분이 약속하신 소망을 따라 그분처럼 사랑하는 삶을 살라 한다. 우리의 삶의 근거와 방향성, 그리고 모습까지 분명히 가르친다. 우리는 이렇게 분명한 내용을 향해 청소년들의 주도성이 방향을 정하도록 해야 한다. 그리고 바른 근거에서 비롯된 참된 행실로 이 세대를 본받지 않고 오히려 변화시키는 자들로 살게 해야 한다.

4. 청소년들이 세대를 변화시키는 사람이 되길!

교리교육은 하나님께서 주신 성경을 전체적으로, 체계적으로 가르치는 것이다. 한국교회의 초창기의 교리교육은 대부흥을 경험하게 했을 뿐만 아니라 세상 사람들로부터 칭찬받게 했다. 많은 핍박이 있었지만 기독교인에 대한 신뢰가 있었다. 도덕적인 삶이 있었기 때문이다. 하지만 지금은 그렇지 않다. 그래서 믿음과 삶의 균형있는 가르침이 교회에 필요하다. 교리교육을 통해 우리의 믿음의 대상을 분명히 하고, 소망이 무엇인지 알아야 한다. 이로 인한 참 사랑의 실천이 있어야 한다. 교리교육의 균형있는 가르침은 이 세대를 본받지 않게 한다. 청소년들이 이 세대를 뛰어넘어 하나님 나라의 백성으로 자랄 수 있게 한다. 분명한 근거를 제시하여 자기 주도적으로 주를 그리스도로 고백하는 삶을 살도록 한다. 청소년들이 교리교육을 통해 바른 고백 위에 서서 참된 삶의 모습으로 세대를 변화시키기는 한 사람이 되기를 기대한다.

코로나 이후 청소년 신앙생활 지원 방안[66]

1. 청소년 신앙교육을 위한 현장의 불안과 답답함

한국교회의 목회와 사역은 코로나19로 인해 큰 변화를 경험하고 있다. 팬데믹에 따른 사역의 변화는 그동안 한국교회가 경험해보지 못한 딜레마와 이슈를 직면케 하였으며, 많은 혼란과 어려움을 만들었다. 특별히 한국교회의 미래세대인 청소년 관련 사역의 경우, 한국사회의 전반적인 인구감소 및 주일학교의 침체와 맞물리면서 더욱 더 힘든 시기를 보내게 하였다. 코로나19 기간 중 교회 사역 최우선순위와 관심은 기본적인 기존 사역의 유지 또는 존속의 측면을 어떻게 수행할 것인가에 초점이 맞추어졌으며, 이 과정에서 장년층 중심의 교회 사역 요소들이 강조될 수밖에 없었다. 다음세대인 청소년들에 관한 관심이 없었다기보다는 혼란 속 긴급하게 진행된 활동 속에서 청소년들을 위한 사역이 어떻게 수행되어야 할 것인가에 대한 충분한 고려가 부족하였기 때문인 것으로 판단된다. 실제로 팬데믹 상황 속에서 한국교회와 국내 학계가 관심을 가진 연구주제와 그 대상들의 특성만을 살펴보더라도 청소년에 대한 충분한 고려가 부재하고 있음을 확인할 수 있다. 연구주제들의 경우 코로나 시대 예배와 관련된 신학적 이슈와 전반적인 교회 사역 및 선교에 대한 거시적 접근들에 대한 논의가 많이 이루어졌으며, 대부분 그 주요 대상들로서 장년층에 초점을 맞춰 수행된 것을 확인할 수 있다. 더불어 팬데믹 상황에 대한 교회의 관심과 인식들 역시 장년층에 초점을 맞춰 다양한 데이터들과 자료들을 소개하고 있어 상대적으

66. 본 절은 이현철, "코로나시대 청소년의 신앙생활 및 지원방안에 대한 통합방법연구", 「개혁논총」 제66권 (2023)의 일부를 수정하였음을 밝혀둔다.

로 청소년들에 관한 내용을 파악하는 데 아쉬움을 주고 있다(한국기독교목회자협의회, 한국기독교언론포럼, 목회데이터연구소 자료들 등).

한편, 교회 내 기독교교육 및 교육활동과 관련된 논의에서도 코로나 시대의 교회교육과 기독교교육이 어떠한 측면과 방향으로 나아갈 것인가에 대한 원리적인 측면의 관심이 많았다. 이는 코로나 팬데믹에 대한 교회와 신앙교육 활동의 방향에 대한 학자들의 고민으로 이해할 수 있다. 향후 해당하는 방향 속에서 실제적인 사역과 전략들이 도출되는 단계로 연구발전 과정이 진행될 것으로 기대한다. 전술한 상황은 현재 한국교회 및 국내 학계의 연구 단계와 수준이 코로나 팬데믹 상황에 대한 '의미 해석과 이해 그리고 방향 설정'의 흐름 속에 있음을 시사하는 것이며, 이러한 과정을 거치면서 자연스럽게 연구 단계가 심화하여 현장성을 구현하는 형식으로 연구물들이 축적될 것으로 기대한다.

전술한 코로나 팬데믹 관련 연구의 발전 과정과 심화 정도의 맥락을 충분히 고려하지만, 교회 현장과 사역자들로서는 좀 더 실제적인 전략과 방안들이 강력하게 필요한 것이 사실이다. 실제로 교회 현장에서는 구체적인/실제적인 사역 전략과 내용을 요청하고 있으며, 특별히 다음세대와 관련된 사역의 요구는 매우 높다고 할 수 있다. 구체적으로 수행되었던 선행연구의 흐름과 결과를 볼 때, 결국 '청소년들이 코로나19 상황 속에서 어떻게 신앙생활을 하고 있으며, 그들을 위한 맞춤형 사역과 전략이 어떻게 이루어져야 할 것인가'에 대한 실제적인 질문에 대하여 명확한 답은 줄 수 없는 맥락임을 시사한다. 즉, 코로나19의 상황 속에서 청소년들에 대한 자료와 연구가 부족하였으며, 청소년들의 신앙적 삶의 정황이 어떻게 수행되고 있는가에 관한 연구가 부재하였다는 것이다. 이는 현장과 목회자들에게 불안과 답답함을 선사해 주고 있는 대목으로도 볼 수 있다.

2. 우리의 청소년 사역, 어디에 집중해야 할 것인가?

현장과 목회자들의 불안과 답답함을 해결하기 위해서는 기본적으로 현장지향적인 실제적인 연구가 수행되어야 할 것이다. 해당 맥락에서 청소년 신앙교육을 위해 집중하고 지원해야 할 요소들을 파악하는 데 있어서 청소년과 사역관계자들과의 심층면담 수행은 매우 흥미로운 접근이 될 것이다. 전술한 문제의식에서 이현철은 총 20명(청소년 영역 10명, 목회자·교사·전문가·학부모 영역 10명)을 대상으로 실제적인 분석을 시도하였는데, 그 대상은 아래와 같다.[67] 본 절에서는 이들의 현장 목소리와 요구를 기초하여 청소년 신앙생활 지원 방안에 대한 방향성을 살펴보고자 한다.

<표 1> 이현철의 현장 연구 참여자의 기본 정보

	대상	성별	학교급 / 직분	특성
연구참여자 (청소년 10명)	연구참여자 1	남	고등학교	학교 운동부 대표
	연구참여자 2	여	고등학교	교회 청소년부 회장
	연구참여자 3	여	고등학교	선교단체 임원
	연구참여자 4	남	고등학교	선교단체 활동
	연구참여자 5	여	기독대안학교	고등부 임원
	연구참여자 6	남	중학교	목회자 자녀
	연구참여자 7	남	중학교	교회 전도 활동 수행
	연구참여자 8	남	중학교	찬양전문 사역 관심
	연구참여자 9	남	기독대안학교	중학생 연령/대안학교 재학
	연구참여자 10	남	기독대안학교	중학생 연령/대안학교 재학

67. 좀 더 구체적인 사항은 이현철, "코로나시대 청소년의 신앙생활 및 지원방안에 대한 통합방법연구", 「개혁논총」 제66권(2023)을 참고하라.

<table>
<tr><td rowspan="10">연구참여자
(목회자, 교회 전문가,
교사, 학부모 10명)</td><td>연구참여자 11</td><td>남</td><td>목사</td><td>청소년 선교 단체 대표</td></tr>
<tr><td>연구참여자 12</td><td>남</td><td>목사</td><td>청소년 선교 단체 지역담당</td></tr>
<tr><td>연구참여자 13</td><td>남</td><td>목사</td><td>지역 거점교회 담임</td></tr>
<tr><td>연구참여자 14</td><td>남</td><td>목사</td><td>다음세대 교육기관 운영</td></tr>
<tr><td>연구참여자 15</td><td>남</td><td>집사/교사</td><td>기독대안학교 자녀</td></tr>
<tr><td>연구참여자 16</td><td>여</td><td>집사/교사</td><td>기독대안학교 자녀</td></tr>
<tr><td>연구참여자 17</td><td>여</td><td>권사/교사</td><td>주일학교 교사 경력</td></tr>
<tr><td>연구참여자 18</td><td>남</td><td>장로</td><td>주일학교 교사 경력</td></tr>
<tr><td>연구참여자 19</td><td>남</td><td>목사</td><td>신학 및 교회 전문가/박사</td></tr>
<tr><td>연구참여자 20</td><td>남</td><td>목사</td><td>신학 및 교회 전문가/박사</td></tr>
</table>

(1) "본질적인 것을 놓치고 있다는 생각을 많이 해요": 본질에 집중하는 사역적 지원

코로나 시대 교회를 출석하면서 신앙생활을 하고 있는 청소년들의 경우 자신들의 신앙생활만족도와 교회생활만족도에 있어 긍정적인 수준의 답변을 하지 않고 있었으며(이현철 외, 2021),[68] 특별히 신앙생활의 수준에 따라 그 격차는 벌어지고 있었다.

> 연구참여자(2): 코로나 상황 속에서 교회에 잘 오지도 못하고, 신앙생활을 하는데 예배나 말씀에 대한 것도 잘 진행되지 못해서 본질적인 것을 놓치고 있다는 생각을 많이해요……교회에서 신앙으로 꼭 지키고……추구해야 하는 것들을 제대로 하지 못하는 느낌……그런 거 비슷해요. 그래서 좀 답답하기도 하고……신앙의 본질적인 것을 더욱 추구하면 그것이 더 좋은 방향이 아닐까 생각합니다. 제가 그렇게 느껴서……

68. 이현철·문화랑·이원석·안성복, 『코로나시대 청소년 신앙리포트』, 198-203.

연구참여자(11): 오히려 사역적인 측면에서 아이들이나 성도들이 영적으로 많이 갈급한 것 같습니다. 코로나를 지나면서 교회의 여러 사역들이 무너졌지만 결국 다시 회복할 수 있는 길은 우리 신앙을 다시 회복하는 것뿐이니……그것을 위해서는 다른 어떤 프로그램이 아니라 결국은 본질적인 신앙의 요소들을 다시 생각하고, 그것을 붙잡는 것이라는 거지요.

교회에 출석하며 신앙생활을 진지하게 임하고 있는 청소년들의 경우 교회와 다음세대 사역이 단순한 프로그램 수준에서 머무는 것이 아니라 신앙의 본질적인 측면을 강조하고, 그것을 효과적으로 전달해줄 것을 강력하게 요구하고 있었다. 구체적으로 이들은 가장 시급하게 '성경읽기와 성경공부 참여하기'와 같은 본질적인 것이 이루어져야 한다고 강조했다.

코로나 시기를 거치면서 교회는 다음세대를 향한 '하향평준화'의 사역 전략을 불가피하게 선택한 것으로 보인다. 대면과 비대면 정책으로 인해 교회의 출석과 신앙교육 활동이 이루어지지 못한 상황에서 교회와 사역자들은 청소년들의 교회 및 기관 출석 자체에만 급급하였으며, 그 가운데서 내실있는 신앙양육 활동을 수행할 엄두조차 내지 못했던 것이다. 이러한 기간을 2~3년을 보내면서 기독청소년들의 경우 신앙의 본질적인 질문과 그것에 대한 회복의 열망이 강하게 나타나고 있는 것으로 보인다. 이러한 측면은 코로나 이후 청소년 사역의 방향성을 신앙의 본질에 맞추어 좀 더 공격적으로 수행해 나갈 수 있는 환경이 형성된 것으로 판단되며, 이와 관련된 집중적인 노력과 전략이 구축될 필요가 있어 보인다.

(2) "코로나 이전처럼 되었으면 좋겠습니다": 공동체성 형성에 집중하는 사역적 지원

코로나 팬데믹 속에서 교회의 여러 딜레마 중 핵심적인 항목은 정부의 '사회적 거리두기 정책'에 따른 대면 모임의 축소와 제한이었다. 대부분의 교회는 정부의 코로나19 대응을 위한 비대면 사회적 거리두기 정책에 적극적으로 협조하였으며, 코로나 확산 방지를 위해 범사회적인 노력을 수행하였다. 이에 따라 교회는 자체적으로 비대면 활동 관련 사역과 지원을 수행하였으며, 이 과정에서 비대면 예배 및 다양한 비대면 신앙양육 프로그램을 시도하기도 하였다. 하지만 교회 사역 현장에서 비대면적 활동의 한계는 분명하게 나타났으며, 한시적/제한적인 성격이 강하게 대두되었다. 특별히 교회 구성원들 간의 공동체성이 현격하게 떨어져, 사회적 거리두기가 해제된 최근까지도 이에 대한 회복을 고민하고 있으며, 그로 인해 교회 사역이 심각한 어려움에 직면하고 있는 것이 사실이다. 이러한 맥락에서 청소년들 역시 그들의 교회 내 공동체에 기초한 활동과 문화 형성에 어려움을 느끼고 있었다.

연구참여자(3): 교회에 자주 가지 않게 되었는데, 다시 갈려니깐 쉽지 않은 것 같습니다……코로나 전에는 모임도 하면 당연히 교회에서 잘 모이고 했는데, 코로나를 지나면서 교회에서 모이는 것이 어려웠고, 이제는 그것이 자연스럽게 된 것 같습니다. 줌(zoom)을 통해서 하지만은 솔직히………교회에서 재미있는 놀이나 활동을 통해서 자주 교회로 모이고, 교회 전체가 코로나 이전처럼 되었으면 좋겠습니다!

연구참여자(12): 코로나 팬데믹 속에서 교회의 공동체성이 많이 약화된 것 같습니다. 비대면 예배와 활동을 통해서 노력해 보았지만 그것이 어떤 측면에서는 완벽하게 이루어지지 못하였으며, 충분하지도 않았던 것 같습니다. 성도들이 교회의 하나됨을 직접 경험하면서 함께 이루어질 때 신앙생활도 온전하게 이루어질 텐데, 당연히 그런 분위기 속에서 우리 아이들도 신앙적으로 성장하고 공동체의 일원으로서 자라갈 수 있을 텐데…… 코로나 상황이 참 어렵게 만들었네요.

연구참여자들은 코로나 팬데믹으로 인해 교회의 공동체성이 심각한 위기를 맞이하였음을 경험적으로 이야기했다. 교회가 지향해야 할 공동체적 활동에 어려움이 있었으며, 그것을 온라인을 통한 비대면적 활동으로 극복하는 데는 분명한 한계가 있었다고 고백했다. 특별히 청소년들은 대면과정을 통한 교우관계 및 끼리 문화 속에서 소속감과 안정감을 누리며, 더불어 신앙생활의 재미를 경험할 수 있는데 이와 관련된 활동 자체가 이루어지지 못함으로 어려움에 직면하고 있음을 확인할 수 있었다. 더불어 전술한 공동체적인 활동의 부재는 자연스럽게 다음세대와 관련된 기능적인 신앙양육 체제의 부재와도 연결되고 있었다. 청소년들을 위한 교회 모임과 활동 자체가 제한되는 상황 속에서 신앙교육 자체에 대한 노출 시간이 줄어들었고, 관련 활동이 이루어지지 못한 것이다. 이러한 맥락에서 청소년들의 관계성에 기초한 공동체적인 사역 지원과 모임 회복의 필요성이 강력하게 대두되고 있으며, 이는 코로나 시대 청소년 사역에 있어 반드시 수행되어야 할 과업으로 판단된다.

(3) "동역하여 시너지를 만들 수 있습니다": 사역 플랫폼들과 연계한 사역적 지원

코로나 팬데믹으로 인해 한국교회 내 개척교회를 포함한 중·소형 규모의 교회 사역이 입은 피해는 막대하다. 기존의 교회 간 존재하였던 양극화로 인해 중·소형교회의 사역 자체도 힘든 과정을 보내고 있었는데, 코로나 팬데믹으로 인해 설상가상(雪上加霜)의 상황이 발생하게 된 것이다. 중·소형교회의 입장에서는 코로나를 겪으면서 청소년 및 다음세대에 대한 사역에 집중하기보다 교회의 생존과 기본 활동의 유지 자체에 집중할 수밖에 없었으며, 그것은 자연스럽게 장년 중심의 사역 유지에 제한되는 상황이었다. 이러한 상황 속에서 연구참여자들은 다양한 사역 플랫폼과의 연계를 통한 지원 및 극복 방안들을 제시해 주었다.

연구참여자(13): 코로나 속에서 작은 교회들은 어려움이 컸습니다. 재정적으로 힘든 상황인데다가 대면활동도 쉽지 않아서……참 힘들고 피곤한 시간들을 보내게 되었지요. 교회 자체적으로 할 수 있는 일이 많지 않았거든요. 이 과정에서 여러 기관들과의 연합은 교회에게 힘이 될 수 있었습니다.

연구참여자(11): 저희 단체나 청소년 선교 단체와의 연계는 교회가 가지고 있는 개별적 한계와 인프라를 극복케 할 수 있습니다. 규모가 작은 교회 혼자만으로 다음세대와 관련된 여러 활동들을 모두 감당하는 것은 현실적으로 불가능하잖아요. 코로나 상황 속에서 말이지요……그런 점에서 다음세대와 관련된 전문 기관과 사역 단체들이 있으며, 저희들도 현장 교회와의 연계를 통해서 다음세대를 세우는 일에 동역하여 시너지를 만들 수 있습니다. 함께하는 것입니다.

연구참여자(20): 교회 사역의 전문성이 요청되는 상황 속에서 개체 교회만의 사역이 아니라 교육기관들과의 연계와 네트워크 구축은 사역의 다변화를 추구하면서 다음세대를 향한 사역적 고도화를 이끌어 낼 수 있습니다. 이제는 같이 만들어가야 하며, 이를 위한 공감대도 형성되어 있다고 봅니다. 교회와 담임목사님들의 의지가 중요한 상황입니다.

코로나로 인해 교회가 직면하고 있는 현실적인 문제를 넘어 교회의 다음세대 사역을 추구하는 것이 본질적으로 해당 교회의 생존 문제를 해결하는 미래적 차원의 핵심 과업이 될 것이다. 하지만 이는 개체 교회의 제한된 재정과 인력으로는 감당하기가 현실적으로 어려우며, 단회성으로 감당한다 할지라도 장기적인 맥락에서 안정감 있게 추구하기가 쉽지 않은 것이 현장의 목소리였다. 이러한 상황 속에서 청소년 전문 기관 혹은 청소년 선교단체들과 같은 다양한 사역 플랫폼과의 연계는 개체교회가 지니고 있는 한계점을 해결할 수 있는 통로가 될 수 있다. 청소년 사역 플랫폼들은 사역의 주 대상인 청소년들과 만날 수 있는 장을 확보할 수 있으며, 개체 교회는 교회 소속 다음세대에 대한 사역 인프라를 안정감 있게 공급받을 수 있는 공급처를 확보할 수 있게 된다. 더불어 교회가 지향하는 신학적 입장과 사역적 특성을 고려하여 청소년 전문 기관들과의 접점을 찾아간다면 교회가 중점적으로 붙잡고 가는 가치들을 훼손받지 않으면서 안정적인 사역 서비스도 누릴 수 있게 되는 것이다.

(4) "학교에서 교회 다닌다고 하면 조금 그래요……": 교회에 대한 긍정적 인식을 확보하기 위한 사역적 지원

코로나 팬데믹 과정 속에서 집단 감염의 실마리를 교회가 제공하였다는 일부 매스컴들로 인해 한국교회 전반에 대한 부정적인 인식이 확산된 것이 사실이다. 실제로 기독교윤리실천운동이 만 19세 이상 전국 성인 남녀 1,000명을 대상으로 한국교회의 사회적 신뢰도를 조사한 결과 한국교회를 신뢰하지 않는다는 응답이 74.0%로 나타났다. 이는 코로나19 확산 직전인 2020년 1월에 실

시한 조사에 비하여 3년 새 불신감이 10.1%나 상승한 결과이다.[69]

이러한 불신감은 교회에 대한 긍정적 인식을 확보하기 위한 적극적인 사역과 활동이 요청됨을 의미하며, 이를 통해 다음세대들이 좀 더 교회에 대한 긍정적인 사회 인식을 느끼면서 신앙생활을 할 수 있도록 도와줄 필요도 있음을 시사하는 것이다.

> 연구참여자(4): 학교에서 한 반에 교회 다니는 애들이 적습니다. 그리고 솔직히 교회에 다닌다고 얘기하기도 조금 어려울 때가 있습니다. 일단 이미지가 이상하게 형성되어 있어……약간…… 그래도 친구들이야 잘 알고 교회 다니는 것에 대해서 이야기하지 않지만…… 뉴스 막 나오고 이럴 때는 솔직히……

> 연구참여자(5): 교회가 진짜 잘하면 좋겠습니다. 정말 교회는 좋은 곳이잖아요. 그런데 방역이나 코로나로 오해빋을 때면 속상할 때도 있었습니다. 학교에 애들은 잘 모르니깐 그냥 뉴스에서 나오면 모두 다 그런 줄 알고 쉽게 말할 때……그냥 이건 아닌 것 같아요……정말 더 잘 지키고 잘해야 하는 게 교회인데……

연구 과정에 참여한 청소년들의 경우 학교를 포함한 사회 체제 속에서 교회에 대한 인식에 예민하였으며, 부정적인 인식이 확산되는 것에 민감하게 반응하였다. 교회 자체에 대한 왜곡된 인식이 존재하는 것에 불편해 하는 마음도 확인할 수 있었으며, 교회의 기능적인 활동과 의미를 세련되게 전달하여 나눌 필

---

69. 이세원, "코로나 3년간 교회 불신 10%p ↑..."성인 74% '신뢰 안해'"," 「연합뉴스」 2023년 2월 15일 기사. https://www.yna.co.kr/view/ 2023년 8월 16일 검색

요도 있음을 강력하게 제시하였다. 한국교회의 추락한 사회적 신뢰도는 청소년들이 느끼는 불편함을 어느 정도 보여주고 있다고 판단된다. 전술한 기독교윤리실천운동의 조사 결과는 코로나를 거치면서 떨어진 교회의 사회적 신뢰도를 여과 없이 보여주고 있으며, 그 과정에서 다음세대들이 느끼는 당혹감은 실제 학교와 그들의 삶의 현장에서 전달되고 있음을 보여주었다. 그러므로 교회의 무너진 사회적 신뢰도 향상 및 개선을 위한 범교단 차원의 자구책과 다양한 정책들이 필요하며, 특별히 다음세대들의 건강한 신앙활동을 적극적으로 지원할 수 있는 사회적 문화 및 풍토 확립을 위한 전략들이 요청된다.

3. 정책적 시사점

현장지향적인 심층면담 과정을 통해서 "본질적인 것을 놓치고 있다는 생각을 많이 해요": 본질에 집중하는 사역적 지원, "코로나 이전처럼 되었으면 좋겠습니다": 공동체성 형성에 집중하는 사역적 지원, "동역하여 시너지를 만들 수 있습니다": 사역 플랫폼들과 연계한 사역적 지원, "학교에서 교회 다닌다고 하면 조금 그래요……": 교회에 대한 긍정적 인식을 확보하기 위한 사역적 지원을 확인해 주었다. 이는 청소년들과 관련된 사역 현장에서 요청되는 사항들이 무엇이며, 어떠한 맥락에서 이루어지는가를 명확하게 시사하는 것으로 신앙생활 지원 및 사역 방안 구성의 기초자료로서 의미를 지닌다고 할 수 있다.

이를 바탕으로 포스트 코로나 시대의 청소년들의 신앙생활과 그들의 삶을 지원하기 위한 정책적 시사점을 제시하여 본다면 다음과 같다.

첫째, 신앙생활과 관련해 청소년들은 신앙의 본질적인 것을 요청하고 있다는 측면이다. 팬데믹을 거치는 가운데서 청소년들은 오히려 신앙의 본질적인 것에 대해 요구하고 있으며, 이는 구체적으로 성경과 기도와 같은 본질에 대한 강조와 지원 프로그램의 개발이 필요함을 의미한다.

둘째, 청소년들의 사역을 지원하기 위한 다자간 거버넌스를 형성해야 한다는 측면이다. 팬데믹의 상황 속에서 중소형교회 다음세대 사역은 그야말로 침체기를 걷고 있다. 이러한 상황 속에서 목회자 간, 사역 기관 간, 교회 간 경계를 내려놓고, 다자간 다음세대 교육적 거버넌스를 구축하여 사역적 역량을 집중하고 지원 방안을 모색할 필요가 있다. 이를 통해서 자연스럽게 공동체적인 활동의 장도 확보하면서 다음세대 사역의 새로운 플렛폼을 형성해 나갈 필요가 있다. 이미 다음세대와 관련된 다수의 사역 기관들이 존재하고 있으며, 해당 기관들은 정련된 수준의 노하우를 가지고 있기에 이에 대한 공유와 동역적 활동이 필요한 상황이다.

셋째, 지역사회를 중심으로 마을 교육공동체로서 교회 사역을 구상하는 측면이다. 현재 교회는 사회적 신뢰도 개선과 다음세대의 인식 전환을 위해 다각적으로 노력할 필요가 있으며, 이 과정에서 지역사회 교육공동체로서 교회의 역할과 마을 목회의 의미들[70]이 강조될 필요가 있다. 이는 지역 내 기독교 문화 형성과 인식 전환의 구조적인 틀이 될 수 있을 것이며, 나아가 선교적 사명과 역할도 감당하는 계기가 될 수 있을 것이다.

---

70. 류은정, "마을교육공동체를 위한 지역교회의 역할," 「선교와 신학」 44호(2018): 261-263.

SFC의 청소년 사역

"온 세상의 젊은이와 청소년들을 복음으로 변화시켜 삶의 모든 영역을 주도할 성경적 지도자를 세우는 운동!"

SFC 간사 사역 선언문에도 잘 나타나 있듯이 청소년은 SFC의 사역의 동반자이다. 70여 년 전 SFC의 시작도 당대의 청소년들이 주역이었다. 이처럼 SFC는 지금까지 다음세대의 허브로서 역할을 충실히 감당해왔다. 그 청소년 사역들을 다음과 같이 소개하고자 한다.

1. SFC의 청소년 사역 - 청소년을 위한 사역 배치

SFC는 본부를 중심으로 8개의 권역(서울권역, 경기권역, 충청권역, 전라권역, 대구경북권역, 울산경동권역, 경남권역, 부산제주권역)으로 구성되어 있으며, 더 효과적인 사역을 위해서 5개의 사역부(교회사역부, 청소년사역부, 대학사역부, 선교사역부, 영역사역부)가 운영되고 있다. 그중 하나가 청소년사역부이다. 청소년 사역부는 개혁주의 신앙과 생활이 확립된 청소년들을 통하여 대한교회 건설과 국가와 학원의 복음화 그리고 세계 교회 건설과 세계의 복음화를 위해 사역한다. 주요 사역은 중고등학교의 모닥불 기도회와 알돌 양육훈련 등이다.

2023년 1월 27일(금) Teen SFC 모닥불 기도회

2. SFC의 청소년 사역 - 수련회와 개학부흥회

"SFC의 역사는 수련회의 역사"라는 말이 있을 정도로 수련회는 SFC 사역의 핵심이다. 특히 매년 1월에 청소년들을 대상으로 하는 겨울 수련회(겨울중고생대회)는 역사와 규모 면에서 타의 추종을 불허한다. 2023년에는 20개 지역에서 33개 노회(고신교회 35개 노회)를 대상으로 수련회를 진행하였다. 참여한 청소년의 수가 3,267명에 달하고 그들을 섬기는 준비위원까지 포함하면 4천명이 훨씬 뛰어 넘는다. 이 수련회는 간사들이 중심이 되고 각 교회의 대학생 선배들이 수련회를 준비함으로 신앙의 전수가 자연스레 일어나는 신앙 계승의 현장이기도 하다.

겨울 수련회의 주제는 강령에 나타난 생활 원리인 하나님, 성경, 교회를 매년 주제로 삼고 있다(22년/하나님,23년/성경, 24년/교회). 중학교 1학년이 된 청소년들이 꾸준히 겨울마다 참석할 경우 각 주제를 두 번씩 듣고 중고생 시절을 보낼 수 있다.

겨울에 각 노회에서 진행되는 중고생대회가 있다면, 여름에는 SFC모닥불 수련회가 있다. 이 수련회는 한국교회를 대상으로 청소년들을 섬기는 수련회이다. 이 SFC모닥불 수련회는 고신총회와 각 교회들의 요청으로 2022년 여름부터 시작된 수련회이다. 그리고 3년마다 한 번씩 열리는 전국 중고생대회도 있다. 이 대회의 방식은 모닥불 수련회와 비슷하지만 규모나 내용면에서는 차이가 난다. 이 수련회를 통해 SFC의 정신과 역사를 청소년들에게 전수하고 우리의 사명을 함께 이루어가길 다짐한다. 2024년은 SFC 전국중고생대회가 열리는 해이기도하다.

하나님은 시대마다 이 수련회를 통해 청소년들을 부르시고 세우셨다. 그리고 그들에게 비전을 심어주셔서 후회 없는 하나님의 사람으로 살아가도록 뜨거운 마음을 주셨다.

뿐만 아니라 SFC는 개학을 맞이하는 청소년들을 위해 개학부흥회를 제공한다. 개학부흥회는 각 지방 SFC에서 준비해서 진행하는데, 개학하는 청소년들에게 말씀으로 도전하고 결단하는 시간을 제공한다. 보통 2부 순서로 각 학교별 모임을 통해 학교를 위해 기도하고 모닥불 기도회를 만들어 가기도 한다.

3. SFC의 청소년을 위한 사역 - 고난주간 문화금식운동

SFC는 2008년부터 청소년들이 고난주간을 더 의미 있게 보내기를 바라는 마음으로 문화금식운동을 진행해왔다. 초창기에는 절제와 금식을 통해 하나님께 집중하는 운동을 펼쳐왔다. 이제는 예수님을 더 깊이 생각하는 적극적인 방식의 운동으로 변화하였다. 2023년에는 'The 적극적인 문화금식운동'을 준비했고 이 운동을 청소년들에게 소개하였다.

2023년에 이 운동은 이렇게 펼쳐졌다. 먼저 사순설 기간인 21일 동안 '가상칠언'이라고 부르는, 예수님께서 십자가에서 말씀하신 일곱 마디를 묵상했다. 이를 위해 묵상을 돕는 '시나보르 노트'와 해설 영상을 학생신앙운동 채널에서 제공했다. 특히 이번에는 SFC 환경운동 '지구 돌보기'도 함께 진행해 재활용품 사용하기, 개인텀블러 사용하기, 잔반 남기지 않기를 실천하며 이 기간을 보냈다.

2023년의 문화금식운동은 '십자가에 스며들다'라는 주제로 진행되었는데, 교회와 학교에서 그리스도를 주로 고백하는 이들과 함께 예수 그리스도를 깊이 누리는 은혜가 있었다. 21일 동안 문화금식운동 누적 참여자는 3,051명이었고, 하루 평균 145명이 참여하였으며, 학생신앙운동 채널에 올려진 해설 영상(15편)의 조회수는 누적 9,887회였고 평균 656회가 시청되었다.

4. SFC의 청소년 사역 - 다음세대 연구 프로젝트

SFC는 청소년들을 더 잘 섬기기 위해 2021년부터 고신대 이현철 교수와 함께 청소년 연구를 시작했다. 첫 번째 연구는 2021년 코로나 시대를 지나는 청소년들을 연구하는 프로젝트였다. 코로나가 세대에 상관없이 큰 영향을 주었지만, 우리의 다음세대인 청소년들에게는 더 힘든 시간이었다. 모든 상황이 마비되었고, 모든 수업이 영상으로 전환되었고, 일상적인 생활은 불가능해졌다. 이러한 상황에 놓인 청소년들이 어떻게 변화되었는지 그리고 그런 청소년들을 어떻게 섬길 것인지를 연구 자료를 바탕으로 데이터 분석하고 대안을 제시하는 프로젝트였다. 이 프로젝트는 한국교회에 큰 반향을 일으켰고, 학계와 교계의 집중을 끌기에 충분했다.

2022년과 2023년에는 위드 코로나 시대에 발맞춰 연구 프로젝트를 진행했고, 2024년부터는 방향을 바꾸어 SFC의 겨울수련회가 진행하는 방향에 따라 진행하기로 했다. 청소년들이 생각하는 하나님, 성경, 교회가 주제가 되어 각 해마다 프로젝트로 연구한다. 그리하여 한국교회에 유의한 자료들과 사역적 대안들을 제시함으로써 청소년 사역에 기여하고자 한다.

SFC의 다음세대 연구 출판물

5. SFC의 청소년 사역 - 성경이 들려주는 성(性) 이야기

우리가 아는 대로 현대 사회와 성문화는 청소년들에게 자기가 자신의 주인이니 성과 성생활도 자신이 원하는 대로 자유롭게 선택하고 즐기라고 말한다. 그렇기에 SFC는 청소년들에게 성경이 말하는 성(性)을 알려주기 위해 책을 출판했다. SFC는 이 책을 통해 성은 하나님이 주신 고귀한 선물이라는 것 등 성경이 말하는 진정한 성에 관해 알려준다. 더욱이 S단계(start), F단계(focus), C단계(Challenge)의 워크북을 제공하고 있어 청소년들과 의미 있는 시간을 갖도록 한다.

SFC 성(性)이야기 특강

2022년 10월 15일(토) 지역 교회 섬김

6. SFC의 청소년 사역 - 알돌학교

알돌학교는 각 교회 중고등부 리더들을 위한 훈련이다. 매년 각 교회 중고등부에서는 회장 혹은 위원장을 비롯한 리더들이 세워진다. 그러나 정작 그들은 해야 하는 일이 무엇인지 또는 회의와 모임 진행은 어떻게 해야 하는지 모르는 경우가 많다. 이러한 부분을 돕기 위해 SFC는 알돌학교를 진행한다. 알돌학교는 기본적으로 맡은 직책에 대한 강의와 청소년 리더로서의 자세 등을 내용으로 다루고 있다. 그리고 다른 교회에서 같은 직책을 맡고 있는 알돌들의 직책별 모임을 통해서 서로 공감대를 형성하고 토론과 나눔을 통해 더 풍성한 시간을 가진다.

7. SFC 청소년 사역 - 안녕! 나의 스무살

이 사역은 대상이 정해져 있다. 수능 마친 고등학교 3학년 수험생들을 위한 프로그램이다. 수능이 끝나면 그들에게는 평생 누릴 수 없는 어마어마한 여유로움이 주어진다. 이 시간을 이용해 수고한 수험생들을 위로하고, 앞으로 맞이할 스무 살을 준비하는 시간을 가지는 것이다. 이 안나스(안녕 나의 스무살)는 한 달간 진행하는데, 매 주차에 스무 살이 되기 전에 들어야 할 강의들이 준비되어 있다.

안나스에서 제공하는 강의는 다음과 같다. 제일 첫 번째 강의는 아무래도 수험생들이 가장 관심 있는 주제인 연애이다(나 이제 연애 해볼까?). 여기서는 성경이 말하는 연애관에 관해 설명한다. 그리고 이성을 선택하는 방법론보다 내가 어떻게 신앙적으로, 인격적으로, 사회적으로 잘 준비된 사람이 될 수 있을지에 대해 강의한다. 그리고 두 번째 강의는 직업관에 대한 것이다.(나 이제 직업 가져볼까?). 여기서는 성경이 우리에게 알려주는 직업관이 무엇인지를 살펴보면서 우리가 가지게 될 어떠한 직업이라도 하나님의 영광을 위해 살 수 있다는 것을 강의한다. 세 번째 강의는 대학생활에 대한 것이다(나 이제 대학 다녀볼까?). 여기서는 확연하게 달라지는 대학생활에 대해 구체적으로 설명하고 안내한다. 이 강의의 특별한 점은 강의 후에 대학 SFC모임에 직접 참여해보는 것이다. 그리고 마지막 강의는 이단에 대한 것이다(나 이제 이단 알아볼까?). 많은 분들이 이미 알고 있는 것처럼, 대학에는 위장된 이단들이 많이 등록되어 있다. 동아리 이름만 보면 의미 있고 흥미를 자극하는 것 같지만, 그들의 실체는 이단이다. 그래서 이 강의를 통해 이단에 대한 개념을 정리하고, 실제로 대학가에서 활동하고 있는 이단들을 소개한다.

이 강의들은 보통 40분 정도 진행하는데, 모든 강의 후에는 나눔을 위한 질문들로 가지고 소그룹 모임을 가진다. 이 시간을 통해서 강의에 대한 피드백과 질문들을 받음으로 더 풍성해진다. 마지막 4주차 강의를 마치면 간단한 수료식과 함께 만찬을 가진다. 4주간의 안나스에 참여한 수험생들을 격려하고 식사교제를 함으로써 그들의 대학생활을 응원하는 사역이다. 참고 할 것은 이러한 방식은 아니더라도 SFC 각 지부마다 고등학교 3학년 수험생들을 섬기는 프로그램이 있다는 것이다.

2023년 11월 23일(목)~12월 14일(목) 경남창원지부 SFC “안녕, 나의 스무살”

이렇게 소개한 사역 외에도 각 지부 SFC마다 간사님들이 청소년들을 위해 많은 사역을 하고 있다. 이 지면을 빌어 각자의 자리에서 하나님의 부르심에 신실하게 응답하시는 간사님들께 감사의 마음을 전한다. 아무쪼록 우리 주께서 SFC의 청소년 사역을 통해 이 시대의 청소년들을 일깨우시고 하나님의 사람으로 온전히 세워 가시기를 기도한다.

조사대상과 분석방법

1. 연구 대상

이번 조사에서는 전국을 5개 권역으로 구분하여 수도권(서울, 경기, 인천), 충청권(충청, 세종), 호남제주권(전라, 제주), 대경강원권(대구, 경북, 강원), 동남권(부산, 울산, 경남)에 거주하고 있는 청소년들 635명(남: 299 여: 336)을 대상으로 그들의 교회에 대한 인식을 중심으로 설문조사를 수행하였다. 조사 시기는 2023년 8월 초~11월 말까지 SFC 수련회와 사역 일정에 맞춰 실시하였으며, 설문조사 방법은 네이버폼을 이용한 웹설문지 형식으로 실시하였다.

연구참여자의 개인적 배경은 다음의 <표 1>과 같다. 개인적 배경을 구체적으로 살펴보면, 남학생 299명, 여학생 336명이 참여하였으며, 학교급별로는 중학교 341명, 고등학교 267명, 기타 홈스쿨링과 대안학교 27명이 참여하였다. 신력의 경우 원입 46명, 학습 107명, 세례 91명, 유아세례·입교 391명이었다. 조사참여 학생들의 61.6%가 유아세례·입교로 가장 높게 나타나고 있었다. 지역별로 조사참여 학생들을 살펴보면 동남권(부산, 울산, 경남)이 299명, 47.1%로 가장 높았으며, 다음으로 수도권(서울, 경기, 인천) 191명, 30.0%, 대경강원권(대구, 경북, 강원) 90명, 14.2%의 순으로 나타났다.

<표 1> 연구참여자의 특성(N=635)

구분		평균	F
성별	남	299	47.1
	여	336	52.9
학교급	중학교	341	53.7
	고등학교	267	42.0
	기타(홈스쿨링/대안학교)	27	4.3

신력	원입	46	7.2
	학습	107	16.9
	세례	91	14.3
	유아세례·입교	391	61.6
거주지역	수도권(서울, 경기, 인천)	191	30.0
	충청권(충청, 세종)	33	5.2
	호남제주권(전라, 제주)	22	3.5
	대경강원권(대구, 경북, 강원)	90	14.2
	동남권(부산, 울산, 경남)	299	47.1

2. 설문 내용

본 연구의 설문 내용은 청소년과 교회의 인식에 집중하면서 개인적 배경 문항(9문항), 삶에 대한 교회의 영향 문항(7문항), 청소년의 교회교육 상황 문항(12문항), 청소년의 교회 만족도 문항(12문항), 청소년의 교회 내 관계 문항(8문항), 청소년의 교회 내 교육활동 문항(12문항), 청소년의 교회 관련 고민 문항(20문항), 청소년의 교회 신앙생활 문항(14문항), 청소년의 교회 요구도 및 기타 사항으로 구성되었다. 해당 문항들의 경우 개인배경과 기타 문항과 같은 질적 문항을 제외한 모든 문항에 있어 양호한 Cronbach α계수를 보여주고 있으며, 그 범위는 .839~.968로 이루어졌다. 본 연구의 설문 내용은 다음의 <표 2>와 같다.

<표 2> 설문 내용

구분	문항 내용	신뢰도 Cronbach α
청소년의 개인배경	성별, 학교급, 연령대, 신력, 소속 지역, 교회 출석 기간, 교회 규모 등	-
삶에 대한 교회의 영향	교회의 학교생활 영향, 부모관계 영향, 교우관계 영향, 진로결정 영향, 신앙생활 영양, 성경공부 영향, 교리이해 영향 등	.839
교회교육 상황	성경공부 진행, 학습활동, 신앙질문, 성경공부 교재 설명, 성경공부 수업 난이도 등	.928
교회 만족도	교회 만족도, 신앙생활 도움 정도, 교회에 대한 소개 등	.891
교회 내 관계	교회 내 신뢰도, 소속감, 교제, 개별 및 공동체적 관심 등	.884
교회 내 교육활동	교회에서 이단교육, 성경교육, 기독교세계관 교육, 교리교육, 동성애 교육, 연애 교육, 결혼 교육, 경제 교육 등	.887
교회 관련 고민	향후 교회 이동 의향, 교회 문화에 대한 인식, 목회자에 대한 인식, 교회 시설에 대한 인식, 교회 부서에 대한 인식 등	.968
교회 신앙생활	예배 참석, 기도 시간, 성경읽기, 경건 서적, 전도 활동 등	.872
교회 요구도 및 기타	교회교육 요구도, 교회 성장 요인, 교회 출석 동기 등	-

3. 분석 방법[1]

본 연구에서는 SPSS 23.0 프로그램을 활용하여 개척교회 목회자들의 인식을 분석하였다. 구체적인 분석 방법은 다음과 같다.

첫째, 연구대상의 개인적 배경과 인식의 분포를 파악하기 위해 빈도분석, 기술통계, 일원분산 분석을 실시하였으며, 사후분석 Scheffe 검정을 활용하였다.

둘째, 요구도 우선순위를 파악하기 위하여 Borich(1980) 요구도와 locus for

1. 본 절의 내용은 이현철(2021)의 "그들은 무엇을 요구하고 있는가: 한국교회 내 코로나블루 청소년의 요구 분석"(『고신신학』 23호, 205-222)의 일부임을 밝혀둔다.

focus 모델유형 결정(Mink, Shultz, & Mink, 1991) 분석을 실시하였다.

먼저 Borich의 요구도 값은 현재 수준과 바람직한 수준 간의 차이에 바람직한 수준에 대한 가중치를 부여함으로써 두 수준 간 차이에 대하여 우선순위 결정의 방향성을 제공한다. 이를 수식으로 나타내면 다음과 같다.

$$\frac{\sum_{n=1}^{N}(RL_n - PL_{n)} \times \overline{RL}}{N}$$

RL(Required Level) : 미래 중요도 수준

PL(Perceived Level) : 현재 선호도 수준

$\overline{RL}$: 미래 중요도 수준의 평균

N : 전체 사례 수

Borich 요구도 공식은 바람직한 수준에 가중치를 둔 방식으로 요구도 값에 따라서 우선순위를 결정할 수 있다. 그러나 어느 순위까지를 최우선적으로 고려할 것인지에 대한 판단기준은 없다는 단점이 있다. 다음으로 이러한 단점을 보완하기 위해 The Locus for Focus Model을 사용하였다.[2]

2. Borich 요구도와 The Locus for Focus Model에 관하여서는 다음의 자료를 참고하라. Borich, G. D.(1980). A needs assessment model for conducting follow-up studies, *The Journal of Teacher Education*, 31(3), 39-42. Mink, O. G., Shultz, J. M., & Mink, B. P.(1991). *Developing and managing open organizations: A model and method for maximizing organizational potential* (Austin: Somerset Consulting Group, Inc.).

<그림 1> The Locus for Focus Model

The Locus for Focus Model은 바람직한 수준의 평균값을 x축으로, 바람직한 수준과 현재 수준 간의 차이(불일치 수준)의 평균값을 y축으로 하는 좌표평면으로 <그림 1>과 같다. <그림 1>에 보이듯이, 제1사분면(HH)은 중요성도 평균보다 높고 두 수준의 차이(불일치 수준)도 평균보다 높은 최우선순위군으로 분류할 수 있다. 다음으로 제2사분면(LH)은 중요성은 평균보다 낮지만 두 수준의 차이는 평균보다 높고, 제4사분면(HL)은 중요성은 평균보다 높지만 두 수준의 차이는 평균보다 낮은 차우선순위군으로 분류할 수 있다. 제3사분면(LL)은 중요성도 평균보다 낮고 두 수준의 차이(불일치 수준)도 평균보다 낮아 우선순위가 가장 낮은 영역이라고 할 수 있다.[3]

Borich 공식과 마찬가지로 바람직한 수준으로 우선순위 결정의 방향성을 갖는 The Locus for Focus Mode의 결과는 Borich 공식에서 도출된 우선순위에서 어느 순위까지를 1차적으로 고려할지에 대한 정보를 제공해 준다. 마지막으

3. 현영섭·권대봉·신현석·강현주·장은하·최지수(2017). 『지역인적자원개발 정책 과제 발굴 및 추진계획마련』 (서울: 고려대학교 HRD 정책연구소), 67.

로 The Locus for Focus Mode에서 HH분면에 포함된 항목과 그 개수를 파악한다(차순위도 포함). 그리고 The Locus for Focus Mode에서 HH분면에 속한 항목의 개수만큼 Borich의 요구도 상위 순위에 포함된 항목들을 결정한다(차순위도 포함). 그리고 두 방법을 통해 상위 우선순위로 제안된 항목들의 중복성을 확인한다. 두 방법으로부터 공통으로 상위 우선순위에 해당되는 항목을 최우선순위 항목들로 결정한다. 또한 두 방법의 하나에만 해당하는 항목을 차순위 항목들로 결정한다.[4]

4. 조대연(2009), "설문조사를 통한 요구분석에서 우선순위결정 방안 탐색," 『교육문제연구(35)』, 165-87.

청소년들은 교회를 어떻게 인식하고 있는가?

1. 교회와 삶에 대한 인식

(1) 학교급별 삶에 대한 교회의 영향력에 대한 인식

청소년들의 학교급별 삶에 대한 교회의 영향력 인식에서 평균 2점대(그렇지 않다)와 1점대(전혀 그렇지 않다)의 부정적인 인식을 확인할 수 있는데, 이는 청소년들의 삶에 대한 교회의 영향력과 실천적 연계성 제고가 시급하게 이루어질 필요가 있음을 시사하고 있다. 집단별로는 '교회는 나의 학교생활에 영향을 준다, 교회는 나의 교우관계에 영향을 준다, 교회는 나의 진로결정에 영향을 준다, 교회는 나의 신앙생활에 영향을 준다'에서 통계적으로 유의미한 수준에서 차이가 나타나고 있었는데, 중학교 재학 청소년들의 인식이 상대적으로 긍정적이었으며, 고등학교 재학 및 기타 소속 청소년들의 인식은 보다 부정적이었다. 그 외의 문항에서는 학교급별로 통계적으로 차이가 없이 유사하게 나타나고 있었다.

<표 1> 학교급별 집단 간 차이 분석

(단위: 점(5점 척도))

구분		평균	표준편차	F
교회는 나의 학교생활에 영향을 준다	중학교(a)	2.246	1.0251	6.966** a>b,c
	고등학교(b)	2.094	.9590	
	기타(c)	1.556	.6980	
교회는 나의 부모관계에 영향을 준다	중학교(a)	1.906	.9867	2.098
	고등학교(b)	1.835	.9976	
	기타(c)	1.519	.7000	
교회는 나의 교우관계에 영향을 준다	중학교(a)	2.205	1.0227	4.518* a>b,c
	고등학교(b)	2.187	1.0453	
	기타(c)	1.593	.8439	

교회는 나의 진로결정에 영향을 준다	중학교(a)	2.645	1.0928	11.091** a>b,c
	고등학교(b)	2.476	1.1513	
	기타(c)	1.630	.7917	
교회는 나의 신앙생활에 영향을 준다	중학교(a)	1.560	.7708	6.086* a>b,c
	고등학교(b)	1.419	.6460	
	기타(c)	1.148	.4560	
교회는 나의 성경공부 흥미를 자극한다	중학교(a)	2.287	.9669	.897
	고등학교(b)	2.243	.9601	
	기타(c)	2.037	.9799	
교회는 내가 정통적인 교리를 이해하는 데 도움을 준다	중학교(a)	2.091	.8914	2.012
	고등학교(b)	2.034	.9067	
	기타(c)	1.741	.8130	

* $p<.05$, ** $p<.001$, 사후분석 Scheffe

(2) 권역별 삶에 대한 교회의 영향력에 대한 인식

청소년들의 권역별 삶에 대한 교회의 영향력 인식은 평균 2점대(그렇지 않다)와 1점대(전혀 그렇지 않다)의 부정적인 인식으로 모든 문항에 있어 통계적으로 차이가 없었다. 이는 권역별로 청소년들의 부정적인 인식에 차이가 나타나고 있지 않음을 의미하는 것이다.

<표 2> 권역별 집단 간 차이 분석

(단위: 점(5점 척도))

구분		평균	표준편차	F
교회는 나의 학교생활에 영향을 준다	수도권(서울, 경기, 인천)	2.131	.9940	.737
	충청권(충청, 세종)	2.121	.8572	
	호남제주권(전라, 제주)	2.091	.9211	
	대경강원권(대구, 경북, 강원)	2.289	1.0083	
	동남권(부산, 울산, 경남)	2.134	1.0144	

교회는 나의 부모관계에 영향을 준다	수도권(서울, 경기, 인천)	1.827	.9041	.745
	충청권(충청, 세종)	1.667	.9242	
	호남제주권(전라, 제주)	1.909	1.0193	
	대경강원권(대구, 경북, 강원)	1.867	.9738	
	동남권(부산, 울산, 경남)	1.896	1.0391	
교회는 나의 교우관계에 영향을 준다	수도권(서울, 경기, 인천)	2.089	1.0143	.080
	충청권(충청, 세종)	2.273	1.0085	
	호남제주권(전라, 제주)	2.636	1.0486	
	대경강원권(대구, 경북, 강원)	2.322	.9924	
	동남권(부산, 울산, 경남)	2.134	1.0470	
교회는 나의 진로결정에 영향을 준다	수도권(서울, 경기, 인천)	2.476	1.1417	.075
	충청권(충청, 세종)	2.606	1.1440	
	호남제주권(전라, 제주)	3.000	1.0235	
	대경강원권(대구, 경북, 강원)	2.733	1.1397	
	동남권(부산, 울산, 경남)	2.462	1.1057	
교회는 나의 신앙생활에 영향을 준다	수도권(서울, 경기, 인천)	1.419	.6427	.208
	충청권(충청, 세종)	1.364	.6030	
	호남제주권(전라, 제주)	1.727	.7025	
	대경강원권(대구, 경북, 강원)	1.544	.8368	
	동남권(부산, 울산, 경남)	1.502	.7299	
교회는 나의 성경공부 흥미를 자극한다	수도권(서울, 경기, 인천)	2.136	.9075	.030
	충청권(충청, 세종)	2.061	1.0289	
	호남제주권(전라, 제주)	2.545	.8579	
	대경강원권(대구, 경북, 강원)	2.467	1.0299	
	동남권(부산, 울산, 경남)	2.274	.9685	
교회는 내가 정통적인 교리를 이해하는 데 도움을 준다	수도권(서울, 경기, 인천)	2.005	.8614	.054
	충청권(충청, 세종)	1.727	.7191	
	호남제주권(전라, 제주)	2.364	.6580	
	대경강원권(대구, 경북, 강원)	2.178	.9431	
	동남권(부산, 울산, 경남)	2.057	.9269	

2. 교회교육 상황에 대한 인식

(1) 학교급별 교회교육 상황에 대한 인식

청소년들의 학교급별 교회교육 상황에 대한 인식에서 평균 2점대(그렇지 않다)와 1점대(전혀 그렇지 않다)의 부정적인 인식을 보인다는 점에서 전반적인 교회교육의 개선이 시급하게 이루어질 필요가 있음을 확인할 수 있다. 학교급별로 문항 중에서는 '교회는 충분한 시간을 가지고 성경공부를 진행한다, 교회는 학생들에게 도전감을 갖도록 학습 활동을 진행한다, 교회는 학생들의 특성(요구, 적성, 재능, 학습 스타일)을 고려하여 교육활동을 진행한다, 교회학교 교사는 주제의 특성을 고려한 적절한 수업 방법(수업 자료 및 시설)을 활용한다'가 통계적으로 유의미한 수준에서 차이가 나타나고 있었으며, 특별히 중학생들의 인식이 상대적으로 더욱 낮음을 확인할 수 있다.

<표 3> 학교급별 집단 간 차이 분석

(단위: 점(5점 척도))

구분		평균	표준편차	F
교회는 충분한 시간을 가지고 성경공부를 진행한다	중학교(a)	1.894	.8681	.046*
	고등학교(b)	2.071	.9004	
	기타(c)	2.074	1.1410	
교회는 학생들에게 도전감을 갖도록 학습 활동을 진행한다	중학교(a)	2.023	.8974	.010*
	고등학교(b)	2.243	.9794	
	기타(c)	2.333	1.2403	
교회는 학생들의 특성(요구, 적성, 재능, 학습 스타일)을 고려하여 교육활동을 진행한다	중학교(a)	2.243	1.0415	.026*
	고등학교(b)	2.479	1.0910	
	기타(c)	2.333	1.1094	

교회는 학생들의 성경 및 신앙질문을 적극적으로 수용한다	중학교(a)	1.874	.8000	.695
	고등학교(b)	1.820	.7885	
	기타(c)	1.889	.9740	
교회는 성경공부 주제 개념을 설명하기 위해 예와 보기를 든다	중학교(a)	1.760	.8476	.499
	고등학교(b)	1.685	.7598	
	기타(c)	1.667	.8321	
교회학교 교사는 교재 내용을 이해하기 쉽고 명쾌하게 설명한다	중학교(a)	1.757	.8203	.085
	고등학교(b)	1.895	.8431	
	기타(c)	1.963	.8540	
교회학교 교사는 주제의 특성을 고려한 적절한 수업 방법(수업 자료 및 시설)을 활용한다	중학교(a)	1.927	.8764	.012*
	고등학교(b)	2.026	.9152	
	기타(c)	2.444	1.0500	
교회는 학생들의 학습 내용 이해 정도를 점검한다	중학교(a)	2.229	.9489	.420
	고등학교(b)	2.139	.9336	
	기타(c)	2.074	1.0715	
교회는 학생들의 수준에 맞게 성경 수업의 난이도를 조절한다	중학교(a)	1.941	.8555	.181
	고등학교(b)	1.929	.9128	
	기타(c)	2.259	1.1298	
교회학교 교사는 성경 공부가 끝나는 시점에 요점을 반복해주고 요약해 준다	중학교(a)	1.883	.8699	.933
	고등학교(b)	1.903	.8029	
	기타(c)	1.852	1.0267	
교회학교 교사는 성경공부 준비를 충분하게 하시어 수업에 임하신다	중학교(a)	1.754	.8140	.621
	고등학교(b)	1.798	.8205	
	기타(c)	1.889	.8473	
교회학교 교사는 성경공부 주제와 관련하여 충분한 지식을 가지고 계신다	중학교(a)	1.557	.7319	.524
	고등학교(b)	1.622	.7066	
	기타(c)	1.630	.7415	

* p<.05, ** p<.001, 사후분석 Scheffe

(2) 권역별 교회교육 상황에 대한 인식

청소년들의 권역별 교회교육 상황에 대한 인식의 경우 전체적으로 평균 2점대(그렇지 않다)와 1점대(전혀 그렇지 않다)의 부정적인 인식을 보인다는 점에서 교회교육 상황에 대한 개선이 시급하게 이루질 필요가 있음을 확인할 수 있다. 권역별로 '교회는 학생들에게 도전감을 갖도록 학습활동을 진행한다, 교회는 학생들의 특성(요구, 적성, 재능, 학습 스타일)을 고려하여 교육활동을 진행한다, 교회는 학생들의 성경 및 신앙질문을 적극적으로 수용한다, 교회학교 교사는 주제의 특성을 고려한 적절한 수업 방법(수업 자료 및 시설)을 활용한다'가 통계적으로 유의미한 수준에서 차이가 나타나고 있었으며, 그 외의 문항에서는 통계적으로 차이가 없었다.

<표 4> 권역별 집단 간 차이 분석

(단위: 점(5점 척도))

구분		평균	표준편차	F
교회는 충분한 시간을 가지고 성경공부를 진행한다	수도권(서울, 경기, 인천)(a)	1.848	.8541	.119
	충청권(충청, 세종)(b)	1.909	.8427	
	호남제주권(전라, 제주)(c)	2.091	.8112	
	대경강원권(대구, 경북, 강원)(d)	2.122	.8457	
	동남권(부산, 울산, 경남)(e)	2.013	.9447	
교회는 학생들에게 도전감을 갖도록 학습 활동을 진행한다	수도권(서울, 경기, 인천)(a)	1.969	.8639	.016* d>a
	충청권(충청, 세종)(b)	2.242	1.0009	
	호남제주권(전라, 제주)(c)	2.091	.8679	
	대경강원권(대구, 경북, 강원)(d)	2.378	1.0661	
	동남권(부산, 울산, 경남)(e)	2.147	.9616	

교회는 학생들의 특성(요구, 적성, 재능, 학습 스타일)을 고려하여 교육활동을 진행한다	수도권(서울, 경기, 인천)(a)	2.183	1.0223	.036*
	충청권(충청, 세종)(b)	2.212	1.1112	
	호남제주권(전라, 제주)(c)	2.545	.9117	
	대경강원권(대구, 경북, 강원)(d)	2.578	1.0598	
	동남권(부산, 울산, 경남)(e)	2.381	1.0969	
교회는 학생들의 성경 및 신앙질문을 적극적으로 수용한다	수도권(서울, 경기, 인천)(a)	1.702	.7539	.000** d>a, b>a
	충청권(충청, 세종)(b)	1.545	.7111	
	호남제주권(전라, 제주)(c)	2.045	.7222	
	대경강원권(대구, 경북, 강원)(d)	2.111	.8406	
	동남권(부산, 울산, 경남)(e)	1.890	.8097	
교회는 성경공부 주제 개념을 설명하기 위해 예와 보기를 든다	수도권(서울, 경기, 인천)(a)	1.623	.7707	.095
	충청권(충청, 세종)(b)	1.667	.8165	
	호남제주권(전라, 제주)(c)	1.591	.7341	
	대경강원권(대구, 경북, 강원)(d)	1.889	.8798	
	동남권(부산, 울산, 경남)(e)	1.756	.8134	
교회학교 교사는 교재 내용을 이해하기 쉽고 명쾌하게 설명한다	수도권(서울, 경기, 인천)(a)	1.712	.8434	.063
	충청권(충청, 세종)(b)	1.879	.9273	
	호남제주권(전라, 제주)(c)	1.682	.7799	
	대경강원권(대구, 경북, 강원)(d)	2.011	.9539	
	동남권(부산, 울산, 경남)(e)	1.843	.7720	
교회학교 교사는 주제의 특성을 고려한 적절한 수업 방법(수업 자료 및 시설)을 활용한다	수도권(서울, 경기, 인천)(a)	1.806	.8455	.003* d>a
	충청권(충청, 세종)(b)	2.182	1.0445	
	호남제주권(전라, 제주)(c)	1.773	.8125	
	대경강원권(대구, 경북, 강원)(d)	2.189	.9932	
	동남권(부산, 울산, 경남)(e)	2.043	.8870	
교회는 학생들의 학습 내용 이해 정도를 점검한다	수도권(서울, 경기, 인천)(a)	2.147	.9400	.641
	충청권(충청, 세종)(b)	2.152	1.2278	
	호남제주권(전라, 제주)(c)	2.000	.6172	
	대경강원권(대구, 경북, 강원)(d)	2.300	1.0326	
	동남권(부산, 울산, 경남)(e)	2.191	.9125	

교회는 학생들의 수준에 맞게 성경 수업의 난이도를 조절한다	수도권(서울, 경기, 인천)(a)	1.869	.8697	.413
	충청권(충청, 세종)(b)	1.818	.8461	
	호남제주권(전라, 제주)(c)	1.955	.8439	
	대경강원권(대구, 경북, 강원)(d)	2.056	.9524	
	동남권(부산, 울산, 경남)(e)	1.983	.8991	
교회학교 교사는 성경 공부가 끝나는 시점에 요점을 반복해주고 요약해 준다	수도권(서울, 경기, 인천)(a)	1.864	.9132	.955
	충청권(충청, 세종)(b)	1.848	.9395	
	호남제주권(전라, 제주)(c)	1.864	.8888	
	대경강원권(대구, 경북, 강원)(d)	1.944	.8123	
	동남권(부산, 울산, 경남)(e)	1.896	.8064	
교회학교 교사는 성경공부 준비를 충분하게 하시어 수업에 임하신다	수도권(서울, 경기, 인천)(a)	1.712	.7986	.520
	충청권(충청, 세종)(b)	1.788	.8200	
	호남제주권(전라, 제주)(c)	1.636	.7267	
	대경강원권(대구, 경북, 강원)(d)	1.867	.8506	
	동남권(부산, 울산, 경남)(e)	1.803	.8261	
교회학교 교사는 성경공부 주제와 관련하여 충분힌 지식을 가지고 계신다	수도권(서울, 경기, 인천)(a)	1.492	.6872	.301
	충청권(충청, 세종)(b)	1.636	.6528	
	호남제주권(전라, 제주)(c)	1.591	.7341	
	대경강원권(대구, 경북, 강원)(d)	1.644	.8116	
	동남권(부산, 울산, 경남)(e)	1.625	.7190	

* p<.05, ** p<.001, 사후분석 Scheffe

3. 청소년의 교회 만족도에 대한 인식

(1) 학교급별 교회 만족도에 대한 인식

청소년들의 학교급별 교회 만족도에 대한 인식에서 평균 1점대(전혀 그렇지 않다)와 2점대(그렇지 않다)의 부정적인 인식을 보인다는 점에서 청소년들의 교회 만족도 관련 항목의 개선이 필요함을 확인할 수 있다. 집단별로는 '나의 교회는 나의 신앙생활에 도움을 준다, 나는 교회가 내 삶의 많은 부분을 차지한다고 생각한다, 나는 친구들에게 그리스도인이라고 이야기하는 편이다, 나는 학교 급식 시간에 식사 기도를 한다, 나는 학교에서 그리스도인으로 살아가기 위해 노력하려고 한다'가 통계적으로 유의미한 수준에서 차이가 나타나고 있었다.

<표 5> 학교급별 집단 간 차이 분석

(단위: 점(5점 척도))

구분		평균	표준편차	F
나는 지금 다니는 교회에 만족하는 편이다.	중학교(a)	1.578	.7731	.889
	고등학교(b)	1.554	.7899	
	기타(c)	1.519	.8024	
나의 교회는 나의 신앙생활에 도움을 준다.	중학교(a)	1.639	.7720	.027*
	고등학교(b)	1.532	.7163	
	기타(c)	1.296	.6086	
나는 나의 교회를 친구에게 소개해주고 싶다.	중학교(a)	1.812	.8977	.074
	고등학교(b)	1.682	.8583	
	기타(c)	1.519	.7530	
나는 교회가 내 삶의 많은 부분을 차지한다고 생각한다.	중학교(a)	1.903	.9515	.000** a>b, a>c
	고등학교(b)	1.625	.8239	
	기타(c)	1.296	.6086	
나는 나의 교회에서 신앙생활을 계속하고 싶다.	중학교(a)	1.642	.7940	.345
	고등학교(b)	1.644	.8478	
	기타(c)	1.407	.8884	
나는 나의 교회에 대해서 만족한다.	중학교(a)	1.554	.7241	.367
	고등학교(b)	1.640	.8703	
	기타(c)	1.519	.7530	
나의 친구들은 교회를 긍정적으로 생각하는 편이다.	중학교(a)	2.217	1.0515	.063
	고등학교(b)	2.281	1.0933	
	기타(c)	1.778	.8473	

나의 친구들은 교회에 관심이 있다.	중학교(a)	2.762	1.1501	.219
	고등학교(b)	2.813	1.1740	
	기타(c)	2.407	.9711	
나는 친구들에게 교회에 대해 이야기 해본 적이 있다.	중학교(a)	1.909	.9396	.406
	고등학교(b)	1.809	.9120	
	기타(c)	1.815	1.0014	
나는 친구들에게 그리스도인이라고 이야기하는 편이다.	중학교(a)	2.129	1.1119	.000**
	고등학교(b)	1.700	.9499	
	기타(c)	1.556	.8473	
나는 학교 급식 시간에 식사 기도를 한다.	중학교(a)	2.619	1.3311	.002*
	고등학교(b)	2.509	1.2988	
	기타(c)	1.704	.9929	
나는 학교에서 그리스도인으로 살아가기 위해 노력하려고 한다.	중학교(a)	2.211	1.0443	.001*
	고등학교(b)	2.011	.9713	
	기타(c)	1.519	.7000	

* $p<.05$, ** $p<.001$, 사후분석 Scheffe

(2) 권역별 교회 만족도에 대한 인식

청소년들의 권역별 교회 만족도에 대한 인식의 경우 전체적으로 평균 2점대(그렇지 않다)와 1점대(전혀 그렇지 않다)의 부정적인 인식을 확인할 수 있었다. 권역별로 '나는 지금 다니는 교회에 만족하는 편이다, 나의 교회는 나의 신앙생활에 도움을 준다, 나는 나의 교회에서 신앙생활을 계속하고 싶다, 나의 친구들은 교회에 관심이 있다, 나는 학교에서 그리스도인으로 살아가기 위해 노력하려고 한다'가 통계적으로 유의미한 수준에서 차이가 나타나고 있었으며, 그 외의 문항에서는 통계적으로 차이가 없었다.

<표 6> 권역별 집단 간 차이 분석

(단위: 점(5점 척도))

구분		평균	표준편차	F
나는 지금 다니는 교회에 만족하는 편이다.	수도권(서울, 경기, 인천)(a)	1.408	.6331	.000** d>a
	충청권(충청, 세종)(b)	1.424	.6139	
	호남제주권(전라, 제주)(c)	1.682	.9455	
	대경강원권(대구, 경북, 강원)(d)	1.856	.8684	
	동남권(부산, 울산, 경남)(e)	1.585	.8163	
나의 교회는 나의 신앙생활에 도움을 준다.	수도권(서울, 경기, 인천)(a)	1.445	.6695	.010*
	충청권(충청, 세종)(b)	1.576	.6629	
	호남제주권(전라, 제주)(c)	1.909	.8679	
	대경강원권(대구, 경북, 강원)(d)	1.700	.7562	
	동남권(부산, 울산, 경남)(e)	1.605	.7760	
나는 나의 교회를 친구에게 소개해주고 싶다.	수도권(서울, 경기, 인천)(a)	1.665	.9019	.262
	충청권(충청, 세종)(b)	1.697	.6840	
	호남제주권(전라, 제주)(c)	1.909	.9211	
	대경강원권(대구, 경북, 강원)(d)	1.900	.8618	
	동남권(부산, 울산, 경남)(e)	1.742	.8808	
나는 교회가 내 삶의 많은 부분을 차지한다고 생각한다.	수도권(서울, 경기, 인천)(a)	1.723	.8953	.200
	충청권(충청, 세종)(b)	1.818	.8823	
	호남제주권(전라, 제주)(c)	2.091	.8679	
	대경강원권(대구, 경북, 강원)(d)	1.889	.9533	
	동남권(부산, 울산, 경남)(e)	1.716	.8915	
나는 나의 교회에서 신앙생활을 계속하고 싶다.	수도권(서울, 경기, 인천)(a)	1.487	.7388	.002* d>a
	충청권(충청, 세종)(b)	1.576	.7084	
	호남제주권(전라, 제주)(c)	2.000	.8729	
	대경강원권(대구, 경북, 강원)(d)	1.856	.9429	
	동남권(부산, 울산, 경남)(e)	1.639	.8213	

나는 나의 교회에 대해서 만족한다.	수도권(서울, 경기, 인천)(a)	1.476	.7314	.171
	충청권(충청, 세종)(b)	1.606	.7044	
	호남제주권(전라, 제주)(c)	1.682	.8937	
	대경강원권(대구, 경북, 강원)(d)	1.700	.8272	
	동남권(부산, 울산, 경남)(e)	1.619	.8121	
나의 친구들은 교회를 긍정적으로 생각하는 편이다.	수도권(서울, 경기, 인천)(a)	2.099	1.0441	.370
	충청권(충청, 세종)(b)	2.273	1.0390	
	호남제주권(전라, 제주)(c)	2.136	.8888	
	대경강원권(대구, 경북, 강원)(d)	2.267	.9575	
	동남권(부산, 울산, 경남)(e)	2.294	1.1204	
나의 친구들은 교회에 관심이 있다.	수도권(서울, 경기, 인천)(a)	2.545	1.1774	.028* e>a
	충청권(충청, 세종)(b)	2.727	.9445	
	호남제주권(전라, 제주)(c)	2.909	1.1509	
	대경강원권(대구, 경북, 강원)(d)	2.867	1.1917	
	동남권(부산, 울산, 경남)(e)	2.876	1.1358	
나는 친구들에게 교회에 대해 이야기 해본 적이 있다.	수도권(서울, 경기, 인천)(a)	1.806	.9510	.273
	충청권(충청, 세종)(b)	1.848	.8337	
	호남제주권(전라, 제주)(c)	2.136	.7743	
	대경강원권(대구, 경북, 강원)(d)	2.011	1.0439	
	동남권(부산, 울산, 경남)(e)	1.836	.8992	
나는 친구들에게 그리스도인이라고 이야기하는 편이다.	수도권(서울, 경기, 인천)(a)	1.890	1.0923	.176
	충청권(충청, 세종)(b)	1.848	.9056	
	호남제주권(전라, 제주)(c)	2.364	1.0486	
	대경강원권(대구, 경북, 강원)(d)	2.067	1.0255	
	동남권(부산, 울산, 경남)(e)	1.880	1.0582	
나는 학교 급식 시간에 식사 기도를 한다.	수도권(서울, 경기, 인천)(a)	2.508	1.3450	.829
	충청권(충청, 세종)(b)	2.545	1.3714	
	호남제주권(전라, 제주)(c)	2.682	1.2492	
	대경강원권(대구, 경북, 강원)(d)	2.667	1.2808	
	동남권(부산, 울산, 경남)(e)	2.498	1.3117	

나는 학교에서 그리스도인으로 살아가기 위해 노력하려고 한다.	수도권(서울, 경기, 인천)(a)	1.921	.9565	.009*
	충청권(충청, 세종)(b)	2.061	1.0880	
	호남제주권(전라, 제주)(c)	2.409	.9591	
	대경강원권(대구, 경북, 강원)(d)	2.344	1.0827	
	동남권(부산, 울산, 경남)(e)	2.117	1.0049	

* $p<.05$, ** $p<.001$, 사후분석 Scheffe

4. 청소년의 교회 내 관계에 대한 인식

(1) 학교급별 교회 내 관계에 대한 인식

학교급별로 청소년들의 교회 내 관계에 대한 인식을 살펴보면, 모든 문항 영역에 있어 통계적인 차이가 나타나지 않는다는 점에서 학교급별 유사한 인식을 가지고 있음을 확인할 수 있다. 다만 전체적으로 교회 내 관계에 대하여 평균 1점대(전혀 그렇지 않다)와 2점대(그렇지 않다)의 부정적인 인식을 보인다는 점에서 교회 내 관계성의 질적 제고가 이루어질 필요가 있다.

<표 7> 학교급별 집단 간 차이 분석

(단위: 점(5점 척도))

구분		평균	표준편차	F
나는 교회 내 성도들에게 개인적으로 관심을 받고 있다(개인 연락, 문자 등)	중학교(a)	2.340	1.0383	.226
	고등학교(b)	2.206	1.0254	
	기타(c)	2.148	.9488	
나는 교회 내 성도들에게 공동체적으로 관심을 받고 있다(교회 장학금 등)	중학교(a)	2.545	1.0908	.074
	고등학교(b)	2.375	1.1447	
	기타(c)	2.185	1.0391	

나는 교회의 목회자들을 신뢰한다.	중학교(a)	1.718	.8134	.085
	고등학교(b)	1.614	.7339	
	기타(c)	1.444	.6405	
나는 교회의 성도들을 신뢰한다.	중학교(a)	1.812	.8575	.958
	고등학교(b)	1.824	.8378	
	기타(c)	1.778	.8006	
나는 교회의 교사(주일학교 선생님)를 신뢰한다.	중학교(a)	1.628	.7548	.978
	고등학교(b)	1.640	.7694	
	기타(c)	1.630	.7415	
나는 교회에서 소속감을 느끼고 있다.	중학교(a)	1.748	.8580	.695
	고등학교(b)	1.693	.8645	
	기타(c)	1.667	.7845	
나는 나의 고민을 교회 지체들과 나눌 수 있다.	중학교(a)	2.258	1.0999	.411
	고등학교(b)	2.247	1.1300	
	기타(c)	1.963	1.0554	
나는 나의 진로에 대하여 교회 지체들과 이야길 할 수 있다.	중학교(a)	2.194	1.0890	.128
	고등학교(b)	2.064	1.0258	
	기타(c)	1.852	.9885	

(2) 권역별 교회 내 관계에 대한 인식

청소년들의 권역별 교회 내 관계에 대한 인식의 경우 전반적으로 평균 2점대(그렇지 않다)와 1점대(전혀 그렇지 않다)의 부정적인 인식을 보였다. 그중에서 '나는 교회 내 성도들에게 개인적으로 관심을 받고 있다(개인 연락, 문자 등), 나는 나의 고민을 교회 지체들과 나눌 수 있다'가 통계적으로 유의미한 수준에서 차이가 나타나고 있었으며, 그 외의 문항에서는 통계적으로 차이가 없었다.

<표 8> 권역별 집단 간 차이 분석

(단위: 점(5점 척도))

구분		평균	표준편차	F
나는 교회 내 성도들에게 개인적으로 관심을 받고 있다(개인 연락, 문자 등)	수도권(서울, 경기, 인천)(a)	2.152	1.0120	.011* d>a
	충청권(충청, 세종)(b)	2.242	.8671	
	호남제주권(전라, 제주)(c)	2.545	.9625	
	대경강원권(대구, 경북, 강원)(d)	2.589	1.0589	
	동남권(부산, 울산, 경남)(e)	2.244	1.0382	
나는 교회 내 성도들에게 공동체적으로 관심을 받고 있다(교회 장학금 등)	수도권(서울, 경기, 인천)(a)	2.524	1.1508	.168
	충청권(충청, 세종)(b)	2.273	.9108	
	호남제주권(전라, 제주)(c)	2.864	1.1668	
	대경강원권(대구, 경북, 강원)(d)	2.544	1.1530	
	동남권(부산, 울산, 경남)(e)	2.381	1.0907	
나는 교회의 목회자들을 신뢰한다.	수도권(서울, 경기, 인천)(a)	1.597	.7745	.570
	충청권(충청, 세종)(b)	1.758	.7084	
	호남제주권(전라, 제주)(c)	1.818	.7327	
	대경강원권(대구, 경북, 강원)(d)	1.689	.7591	
	동남권(부산, 울산, 경남)(e)	1.676	.7933	
나는 교회의 성도들을 신뢰한다.	수도권(서울, 경기, 인천)(a)	1.728	.8393	.375
	충청권(충청, 세종)(b)	1.788	.7398	
	호남제주권(전라, 제주)(c)	2.000	.7559	
	대경강원권(대구, 경북, 강원)(d)	1.800	.8638	
	동남권(부산, 울산, 경남)(e)	1.866	.8605	
나는 교회의 교사(주일학교 선생님)를 신뢰한다.	수도권(서울, 경기, 인천)(a)	1.529	.7384	.127
	충청권(충청, 세종)(b)	1.848	.8337	
	호남제주권(전라, 제주)(c)	1.727	.7025	
	대경강원권(대구, 경북, 강원)(d)	1.678	.7764	
	동남권(부산, 울산, 경남)(e)	1.656	.7587	

나는 교회에서 소속감을 느끼고 있다.	수도권(서울, 경기, 인천)(a)	1.628	.7834	.463
	충청권(충청, 세종)(b)	1.697	.8095	
	호남제주권(전라, 제주)(c)	1.818	.7327	
	대경강원권(대구, 경북, 강원)(d)	1.789	.9056	
	동남권(부산, 울산, 경남)(e)	1.756	.8996	
나는 나의 고민을 교회 지체들과 나눌 수 있다.	수도권(서울, 경기, 인천)(a)	2.068	1.0861	.041* d>a
	충청권(충청, 세종)(b)	2.364	1.1942	
	호남제주권(전라, 제주)(c)	2.591	1.0980	
	대경강원권(대구, 경북, 강원)(d)	2.433	1.1713	
	동남권(부산, 울산, 경남)(e)	2.254	1.0879	
나는 나의 진로에 대하여 교회 지체들과 이야길 할 수 있다.	수도권(서울, 경기, 인천)(a)	1.974	1.0333	.070
	충청권(충청, 세종)(b)	2.030	1.1035	
	호남제주권(전라, 제주)(c)	2.500	1.0579	
	대경강원권(대구, 경북, 강원)(d)	2.256	1.1472	
	동남권(부산, 울산, 경남)(e)	2.164	1.0378	

* $p<.05$, ** $p<.001$, 사후분석 Scheffe

5. 교회 내 교육활동에 대한 인식

(1) 학교급별 교회 내 교육활동에 대한 인식

청소년들의 학교급별 교회 내 교육활동에 대한 인식의 경우 전반적으로 평균 3점대(보통이다), 2점대(그렇지 않다), 1점대(전혀 그렇지 않다)의 인식을 확인할 수 있었다. 그중에서 '나는 교회에서 이단교육을 받은 적이 있다, 나는 교회에서 교리교육을 받은 적이 있다, 나는 교회에서 동성애교육을 받은 적이 있다, 나는 교회에서 연애교육을 받은 적이 있다, 나는 교회에서 결혼교육을 받은 적이 있다, 나는 교회에서 성례(세례/성찬)교육을 받은 적이 있다'가 통계적으로 유의미한 수준에서 차이가 나타나고 있었다. 해당 사항은 교회 내 교육활동의 체계적인 운영과 효과적인 제공이 필요함을 시사하는 것이다. 그 외의 문항에서는 통계적으로 무의미하여, 학교급별로 유사한 인식을 하고 있음을 확인할 수 있다.

<표 9> 학교급별 집단 간 차이 분석

(단위: 점(5점 척도))

구분		평균	표준편차	F
나는 교회에서 성교육을 받은 적이 있다.	중학교(a)	3.229	1.4734	.723
	고등학교(b)	3.139	1.4352	
	기타(c)	3.111	1.4500	
나는 교회에서 이단교육을 받은 적이 있다.	중학교(a)	2.748	1.4166	.001* a>b
	고등학교(b)	2.318	1.3207	
	기타(c)	2.407	1.3661	
나는 교회에서 성경교육을 받은 적이 있다.	중학교(a)	1.543	.8413	.173
	고등학교(b)	1.457	.7466	
	기타(c)	1.296	.6086	
나는 교회에서 교리교육을 받은 적이 있다.	중학교(a)	2.091	1.0740	.001* a>b
	고등학교(b)	1.798	1.0020	
	기타(c)	1.667	1.0377	
나는 교회에서 동성애교육을 받은 적이 있다.	중학교(a)	2.971	1.3908	.028* a>b
	고등학교(b)	2.670	1.3614	
	기타(c)	2.741	1.5088	
나는 교회에서 연애교육을 받은 적이 있다.	중학교(a)	3.021	1.3963	.019* a>b
	고등학교(b)	2.712	1.3416	
	기타(c)	2.704	1.4092	
나는 교회에서 결혼교육을 받은 적이 있다.	중학교(a)	3.235	1.3561	.001* a>b
	고등학교(b)	2.846	1.3582	
	기타(c)	2.778	1.6251	
나는 교회에서 기독교세계관 교육을 받은 적이 있다.	중학교(a)	2.317	1.1604	.292
	고등학교(b)	2.172	1.1004	
	기타(c)	2.185	1.4152	

나는 교회에서 진로교육을 받은 적이 있다.	중학교(a)	2.745	1.2980	.610
	고등학교(b)	2.648	1.1904	
	기타(c)	2.630	1.1815	
나는 교회에서 경제교육을 받은 적이 있다.	중학교(a)	3.305	1.2536	.699
	고등학교(b)	3.390	1.1849	
	기타(c)	3.333	1.2089	
나는 교회에서 성례(세례/성찬)교육을 받은 적이 있다.	중학교(a)	2.249	1.2483	.000** a>b
	고등학교(b)	1.742	1.0171	
	기타(c)	1.741	1.0952	
나는 교회에서 대인관계(대화법 등) 교육을 받은 적이 있다.	중학교(a)	2.713	1.2460	.238
	고등학교(b)	2.655	1.1988	
	기타(c)	3.074	1.3280	

* p<.05, ** p<.001, 사후분석 Scheffe

(2) 권역별 교회 내 교육활동에 대한 인식

청소년들의 권역별 교회 내 교육활동에 대한 인식은 평균 4점대(그렇다)~1점대(전혀 그렇지 않다) 사이에 다양하게 분포하고 있으며, 권역별로 교육활동의 차이가 통계적으로 유의미하게 나타나고 있었다. 권역별로 호남제주 권역에서 청소년들의 교육활동에 대해 상대적으로 긍정적인 인식이 확인되고 있었다. 한편 교회의 본질적인 사역과 관련된 교육활동 및 접근 전략의 부재를 예상케 하는 청소년들의 인식도 확인되는데, 곧 이단교육, 성경교육, 교리교육, 성례교육 등에 대한 인식이다. 이는 코로나 팬데믹 상황에 따른 교회의 관련 교육활동 및 사역 부재의 결과로 추측할 수 있지만, 해당 교육활동의 내실 있는 수행과 기독교교육적인 접근이 현장 사역에서 시급하게 회복되어야 함을 강력하게 시사하는 대목이기도 하다.

<표 10> 권역별 집단 간 차이 분석

(단위: 점(5점 척도))

구분		평균	표준편차	F
나는 교회에서 성교육을 받은 적이 있다.	수도권(서울, 경기, 인천)(a)	3.126	1.4779	.000** c>a, d>a
	충청권(충청, 세종)(b)	3.061	1.3679	
	호남제주권(전라, 제주)(c)	4.091	1.1088	
	대경강원권(대구, 경북, 강원)(d)	3.756	1.2390	
	동남권(부산, 울산, 경남)(e)	3.000	1.4723	
나는 교회에서 이단교육을 받은 적이 있다.	수도권(서울, 경기, 인천)(a)	2.817	1.4338	.002* a>e
	충청권(충청, 세종)(b)	2.758	1.3236	
	호남제주권(전라, 제주)(c)	2.955	1.4631	
	대경강원권(대구, 경북, 강원)(d)	2.533	1.3918	
	동남권(부산, 울산, 경남)(e)	2.338	1.3297	
나는 교회에서 성경교육을 받은 적이 있다.	수도권(서울, 경기, 인천)(a)	1.492	.8327	.173
	충청권(충청, 세종)(b)	1.545	.8326	
	호남제주권(전라, 제주)(c)	1.591	.6661	
	대경강원권(대구, 경북, 강원)(d)	1.667	.9715	
	동남권(부산, 울산, 경남)(e)	1.435	.7082	
나는 교회에서 교리교육을 받은 적이 있다.	수도권(서울, 경기, 인천)(a)	1.995	1.0488	.093
	충청권(충청, 세종)(b)	1.788	1.0535	
	호남제주권(전라, 제주)(c)	2.091	1.1088	
	대경강원권(대구, 경북, 강원)(d)	2.178	1.1763	
	동남권(부산, 울산, 경남)(e)	1.860	1.0035	
나는 교회에서 동성애교육을 받은 적이 있다.	수도권(서울, 경기, 인천)(a)	2.958	1.3566	.001* c>d, c>e
	충청권(충청, 세종)(b)	2.909	1.4867	
	호남제주권(전라, 제주)(c)	3.909	1.3060	
	대경강원권(대구, 경북, 강원)(d)	2.778	1.3473	
	동남권(부산, 울산, 경남)(e)	2.686	1.3836	

나는 교회에서 연애교육을 받은 적이 있다.	수도권(서울, 경기, 인천)(a)	2.932	1.3221	.000** c>e
	충청권(충청, 세종)(b)	2.667	1.6137	
	호남제주권(전라, 제주)(c)	3.773	1.2318	
	대경강원권(대구, 경북, 강원)(d)	3.322	1.3140	
	동남권(부산, 울산, 경남)(e)	2.666	1.3666	
나는 교회에서 결혼교육을 받은 적이 있다.	수도권(서울, 경기, 인천)(a)	3.037	1.3969	.000** c>a, c>e
	충청권(충청, 세종)(b)	2.848	1.4603	
	호남제주권(전라, 제주)(c)	4.000	1.0690	
	대경강원권(대구, 경북, 강원)(d)	3.411	1.3230	
	동남권(부산, 울산, 경남)(e)	2.906	1.3602	
나는 교회에서 기독교세계관 교육을 받은 적이 있다.	수도권(서울, 경기, 인천)(a)	2.267	1.2126	.029*
	충청권(충청, 세종)(b)	2.182	1.2107	
	호남제주권(전라, 제주)(c)	2.864	1.1668	
	대경강원권(대구, 경북, 강원)(d)	2.422	1.2084	
	동남권(부산, 울산, 경남)(e)	2.151	1.0622	
나는 교회에서 진로교육을 받은 적이 있다.	수도권(서울, 경기, 인천)(a)	2.576	1.2579	.001* c>a
	충청권(충청, 세종)(b)	2.576	1.2255	
	호남제주권(전라, 제주)(c)	3.727	1.1205	
	대경강원권(대구, 경북, 강원)(d)	2.822	1.2771	
	동남권(부산, 울산, 경남)(e)	2.679	1.2140	
나는 교회에서 경제교육을 받은 적이 있다.	수도권(서울, 경기, 인천)(a)	3.377	1.2373	.394
	충청권(충청, 세종)(b)	3.424	1.0906	
	호남제주권(전라, 제주)(c)	3.727	1.0320	
	대경강원권(대구, 경북, 강원)(d)	3.411	1.2352	
	동남권(부산, 울산, 경남)(e)	3.261	1.2338	
나는 교회에서 성례(세례/성찬)교육을 받은 적이 있다.	수도권(서울, 경기, 인천)(a)	2.084	1.2411	.625
	충청권(충청, 세종)(b)	1.848	1.0932	
	호남제주권(전라, 제주)(c)	2.091	.9211	
	대경강원권(대구, 경북, 강원)(d)	2.100	1.3158	
	동남권(부산, 울산, 경남)(e)	1.957	1.1149	

나는 교회에서 대인관계 (대화법 등) 교육을 받은 적이 있다.	수도권(서울, 경기, 인천)(a)	2.707	1.2969	.105
	충청권(충청, 세종)(b)	2.515	1.3020	
	호남제주권(전라, 제주)(c)	3.364	1.0486	
	대경강원권(대구, 경북, 강원)(d)	2.756	1.2115	
	동남권(부산, 울산, 경남)(e)	2.659	1.1889	

6. 교회 관련 고민에 대한 인식

(1) 학교급별 교회 관련 고민에 대한 인식

청소년들의 학교급별 교회 관련 고민에 대한 인식은 평균 4점대(그렇다)~3점대(보통이다) 사이에 분포하고 있는데, 그중에서 '나는 신앙생활을 해도 성장하지 않는 자신의 모습 때문에 교회를 떠나고자 고민해본 적이 있다'을 제외하고 모든 문항이 통계적으로 무의미하였다. 구체적으로 '나는 신앙생활을 해도 성장하지 않는 자신의 모습 때문에 교회를 떠나고자 고민해본 적이 있다'의 경우 중학생들의 인식이 통계적으로 유의미하게 높게 나타나고 있어 이에 대한 개선이 요청되며, 그 외의 문항들도 대부분 부정적인 차원에서 유사하게 인식되고 있어 이에 대한 사역적 접근이 시급하게 요청된다.

<표 11> 학교급별 집단 간 차이 분석

(단위: 점(5점 척도))

구분		평균	표준편차	F
나는 향후 다른 교회로 옮길 의향이 있다.	중학교(a)	3.880	1.1531	2.606
	고등학교(b)	3.659	1.2324	
	기타(c)	3.741	1.1298	

나는 향후 신앙생활을 포기할 의향이 있다.	중학교(a)	4.317	1.0114	1.165
	고등학교(b)	4.326	1.0807	
	기타(c)	4.630	.7415	
나는 목회자로 인해 교회를 떠나고자 고민해 본 적이 있다.	중학교(a)	4.282	1.0613	.904
	고등학교(b)	4.322	1.0229	
	기타(c)	4.037	1.3440	
나는 목회자의 비윤리적 행동 때문에 교회를 떠나고자 고민해본 적이 있다.	중학교(a)	4.411	.9800	.790
	고등학교(b)	4.476	.9065	
	기타(c)	4.259	1.2888	
나는 목회자의 설교 때문에 교회를 떠나고자 고민해본 적이 있다.	중학교(a)	4.422	.9870	.443
	고등학교(b)	4.479	.9230	
	기타(c)	4.333	1.0742	
나는 신앙 자체에 대한 회의감이 들어 교회를 떠나고자 고민해본 적이 있다.	중학교(a)	4.205	1.0760	2.049
	고등학교(b)	4.030	1.2651	
	기타(c)	3.926	1.4392	
나는 영적인 필요가 채워지지 않아서 교회를 떠나고자 고민해본 적이 있다	중학교(a)	4.255	1.0129	1.050
	고등학교(b)	4.150	1.1306	
	기타(c)	4.037	1.2552	
나는 신앙생활을 해도 성장하지 않는 자신의 모습 때문에 교회를 떠나고자 고민해본 적이 있다.	중학교(a)	4.232	1.0554	3.578*
	고등학교(b)	4.037	1.1915	
	기타(c)	3.778	1.4233	
나는 교회의 문화 때문에 교회를 떠나고자 고민해 본 적이 있다.	중학교(a)	4.305	1.0769	1.557
	고등학교(b)	4.169	1.1461	
	기타(c)	4.037	1.3723	
나는 비민주적인 의사소통 구조와 소통의 부재 때문에 교회를 떠나고자 고민해본 적이 있다.	중학교(a)	4.352	.9758	.218
	고등학교(b)	4.382	.9868	
	기타(c)	4.259	1.1298	
나는 교회가 다음세대에 관심이 없는 것 같아서 교회를 떠나고자 고민해본 적이 있다.	중학교(a)	4.452	.9369	1.430
	고등학교(b)	4.476	.9471	
	기타(c)	4.148	1.3215	

나는 교회가 나에게 지나치게 헌신을 요구하는 문화 때문에 교회를 떠나고자 고민해본 적이 있다.	중학교(a)	4.381	1.0036	.398
	고등학교(b)	4.404	.9854	
	기타(c)	4.556	.8006	
나는 교회가 지나치게 헌금을 강요하는 문화 때문에 교회를 떠나고자 고민해본 적이 있다.	중학교(a)	4.572	.8251	.125
	고등학교(b)	4.599	.7997	
	기타(c)	4.630	.8389	
나는 내가 교회에서 수행하는 봉사로 인해 힘들어서 교회를 떠나고자 고민해본 적이 있다.	중학교(a)	4.449	.9585	.201
	고등학교(b)	4.412	1.0199	
	기타(c)	4.519	1.0514	
나는 교회가 사회적 이슈에 민감하게 반응하지 않기 때문에 교회를 떠나고자 고민해본 적이 있다.	중학교(a)	4.501	.8833	2.018
	고등학교(b)	4.562	.7941	
	기타(c)	4.222	1.0860	
나는 사람들이 생각하는 기독교인에 대한 부정적 인식 때문에 교회를 떠나고자 고민해본 적이 있다.	중학교(a)	4.440	.9456	.167
	고등학교(b)	4.476	.9351	
	기타(c)	4.519	.8932	
나는 교회가 공공의 영역에 관심이 없는 것 같아 교회를 떠나고자 고민해본 적이 있다.	중학교(a)	4.501	.8630	.466
	고등학교(b)	4.551	.8136	
	기타(c)	4.630	.7415	
나는 교회가 수행하는 특정한 프로그램으로 인해 교회를 떠나고자 고민해본 적이 있다.	중학교(a)	4.472	.9251	.477
	고등학교(b)	4.539	.8459	
	기타(c)	4.556	.8006	
나는 교회의 시설환경이 낙후되어 교회를 떠나고자 고민해본 적이 있다.	중학교(a)	4.525	.8593	.733
	고등학교(b)	4.607	.8127	
	기타(c)	4.593	.7971	
나는 나의 교회부서 (중고등부)로 인해 교회를 떠나고자 고민해본 적이 있다.	중학교(a)	4.334	1.0681	.713
	고등학교(b)	4.296	1.1333	
	기타(c)	4.556	.8473	

* $p<.05$, ** $p<.001$, 사후분석 Scheffe

(2) 권역별 교회 관련 고민에 대한 인식

청소년들의 권역별 교회 관련 고민에 대한 인식은 '나는 향후 신앙생활을 포기할 의향이 있다, 나는 교회가 나에게 지나치게 헌신을 요구하는 문화 때문에 교회를 떠나고자 고민해본 적 있다, 나는 나의 교회부서(중고등부)로 인해 교회를 떠나고자 고민해본 적이 있다'에 대하여 통계적으로 유의미한 차이가 나타나고 있으며, 평균 4점대(그렇다)~3점대(보통이다)의 부정적인 인식을 보여주고 있다.

<표 12> 권역별 집단 간 차이 분석

(단위: 점(5점 척도))

구분		평균	표준편차	F
나는 향후 다른 교회로 옮길 의향이 있다.	수도권(서울, 경기, 인천)(a)	3.843	1.2081	.773
	충청권(충청, 세종)(b)	4.000	.8660	
	호남제주권(전라, 제주)(c)	3.773	1.1098	
	대경강원권(대구, 경북, 강원)(d)	3.633	1.2582	
	동남권(부산, 울산, 경남)(e)	3.763	1.1930	
나는 향후 신앙생활을 포기할 의향이 있다.	수도권(서울, 경기, 인천)(a)	4.387	1.0294	2.703* b>c
	충청권(충청, 세종)(b)	4.667	.6922	
	호남제주권(전라, 제주)(c)	3.773	1.1098	
	대경강원권(대구, 경북, 강원)(d)	4.333	.9715	
	동남권(부산, 울산, 경남)(e)	4.304	1.0639	
나는 목회자로 인해 교회를 떠나고자 고민해 본 적이 있다.	수도권(서울, 경기, 인천)(a)	4.377	1.0634	.516
	충청권(충청, 세종)(b)	4.242	1.1189	
	호남제주권(전라, 제주)(c)	4.182	1.0065	
	대경강원권(대구, 경북, 강원)(d)	4.233	1.0605	
	동남권(부산, 울산, 경남)(e)	4.261	1.0550	

나는 목회자의 비윤리적 행동 때문에 교회를 떠나고자 고민해본 적이 있다.	수도권(서울, 경기, 인천)(a)	4.503	.9340	1.173
	충청권(충청, 세종)(b)	4.152	1.3020	
	호남제주권(전라, 제주)(c)	4.500	.6726	
	대경강원권(대구, 경북, 강원)(d)	4.489	.8899	
	동남권(부산, 울산, 경남)(e)	4.395	.9787	
나는 목회자의 설교 때문에 교회를 떠나고자 고민해본 적이 있다.	수도권(서울, 경기, 인천)(a)	4.471	1.0094	.145
	충청권(충청, 세종)(b)	4.424	1.0317	
	호남제주권(전라, 제주)(c)	4.545	.8004	
	대경강원권(대구, 경북, 강원)(d)	4.433	.8875	
	동남권(부산, 울산, 경남)(e)	4.421	.9640	
나는 신앙 자체에 대한 회의감이 들어 교회를 떠나고자 고민해본 적이 있다.	수도권(서울, 경기, 인천)(a)	4.178	1.2095	1.082
	충청권(충청, 세종)(b)	4.212	1.1661	
	호남제주권(전라, 제주)(c)	3.727	1.1622	
	대경강원권(대구, 경북, 강원)(d)	4.222	1.1196	
	동남권(부산, 울산, 경남)(e)	4.070	1.1751	
나는 영적인 필요가 채워지지 않아서 교회를 떠나고자 고민해본 적이 있다	수도권(서울, 경기, 인천)(a)	4.346	1.0593	1.811
	충청권(충청, 세종)(b)	4.394	.7882	
	호남제주권(전라, 제주)(c)	4.000	1.0690	
	대경강원권(대구, 경북, 강원)(d)	4.111	1.1362	
	동남권(부산, 울산, 경남)(e)	4.130	1.0867	
나는 신앙생활을 해도 성장하지 않는 자신의 모습 때문에 교회를 떠나고자 고민해본 적이 있다.	수도권(서울, 경기, 인천)(a)	4.288	1.0740	1.688
	충청권(충청, 세종)(b)	4.182	1.0445	
	호남제주권(전라, 제주)(c)	3.818	1.2587	
	대경강원권(대구, 경북, 강원)(d)	4.100	1.1323	
	동남권(부산, 울산, 경남)(e)	4.057	1.1701	
나는 교회의 문화 때문에 교회를 떠나고자 고민해 본 적이 있다.	수도권(서울, 경기, 인천)(a)	4.325	1.0999	.601
	충청권(충청, 세종)(b)	4.333	.8898	
	호남제주권(전라, 제주)(c)	4.182	1.0970	
	대경강원권(대구, 경북, 강원)(d)	4.233	1.0815	
	동남권(부산, 울산, 경남)(e)	4.174	1.1715	

나는 비민주적인 의사소통 구조와 소통의 부재 때문에 교회를 떠나고자 고민해본 적이 있다.	수도권(서울, 경기, 인천)(a)	4.461	.9664	.881
	충청권(충청, 세종)(b)	4.394	.9334	
	호남제주권(전라, 제주)(c)	4.455	.8004	
	대경강원권(대구, 경북, 강원)(d)	4.311	.9075	
	동남권(부산, 울산, 경남)(e)	4.301	1.0377	
나는 교회가 다음세대에 관심이 없는 것 같아서 교회를 떠나고자 고민해본 적이 있다.	수도권(서울, 경기, 인천)(a)	4.534	.9334	1.073
	충청권(충청, 세종)(b)	4.636	.7424	
	호남제주권(전라, 제주)(c)	4.318	1.0861	
	대경강원권(대구, 경북, 강원)(d)	4.378	.9896	
	동남권(부산, 울산, 경남)(e)	4.405	.9797	
나는 교회가 나에게 지나치게 헌신을 요구하는 문화 때문에 교회를 떠나고자 고민해본 적이 있다.	수도권(서울, 경기, 인천)(a)	4.550	.8562	3.149*
	충청권(충청, 세종)(b)	4.606	.7475	
	호남제주권(전라, 제주)(c)	3.955	1.0901	
	대경강원권(대구, 경북, 강원)(d)	4.378	1.0120	
	동남권(부산, 울산, 경남)(e)	4.318	1.0568	
나는 교회가 지나치게 헌금을 강요하는 문화 때문에 교회를 떠나고자 고민해본 적이 있다.	수도권(서울, 경기, 인천)(a)	4.644	.7532	.945
	충청권(충청, 세종)(b)	4.758	.6629	
	호남제주권(전라, 제주)(c)	4.500	.8018	
	대경강원권(대구, 경북, 강원)(d)	4.511	.9025	
	동남권(부산, 울산, 경남)(e)	4.559	.8389	
나는 내가 교회에서 수행하는 봉사로 인해 힘들어서 교회를 떠나고자 고민해본 적이 있다.	수도권(서울, 경기, 인천)(a)	4.508	.9452	1.729
	충청권(충청, 세종)(b)	4.697	.5294	
	호남제주권(전라, 제주)(c)	4.318	1.0414	
	대경강원권(대구, 경북, 강원)(d)	4.522	.8770	
	동남권(부산, 울산, 경남)(e)	4.344	1.0705	
나는 교회가 사회적 이슈에 민감하게 반응하지 않기 때문에 교회를 떠나고자 고민해본 적이 있다.	수도권(서울, 경기, 인천)(a)	4.581	.8095	1.178
	충청권(충청, 세종)(b)	4.636	.7424	
	호남제주권(전라, 제주)(c)	4.545	.8004	
	대경강원권(대구, 경북, 강원)(d)	4.578	.7028	
	동남권(부산, 울산, 경남)(e)	4.438	.9405	

나는 사람들이 생각하는 기독교인에 대한 부정적 인식 때문에 교회를 떠나고자 고민해본 적이 있다.	수도권(서울, 경기, 인천)(a)	4.529	.9049	.811
	충청권(충청, 세종)(b)	4.485	1.0038	
	호남제주권(전라, 제주)(c)	4.500	.8018	
	대경강원권(대구, 경북, 강원)(d)	4.522	.8377	
	동남권(부산, 울산, 경남)(e)	4.388	.9882	
나는 교회가 공공의 영역에 관심이 없는 것 같아 교회를 떠나고자 고민해본 적이 있다.	수도권(서울, 경기, 인천)(a)	4.576	.8100	1.732
	충청권(충청, 세종)(b)	4.727	.5168	
	호남제주권(전라, 제주)(c)	4.500	.7400	
	대경강원권(대구, 경북, 강원)(d)	4.633	.7412	
	동남권(부산, 울산, 경남)(e)	4.445	.9083	
나는 교회가 수행하는 특정한 프로그램으로 인해 교회를 떠나고자 고민해본 적이 있다.	수도권(서울, 경기, 인천)(a)	4.555	.8681	.778
	충청권(충청, 세종)(b)	4.636	.6990	
	호남제주권(전라, 제주)(c)	4.318	.9455	
	대경강원권(대구, 경북, 강원)(d)	4.533	.8506	
	동남권(부산, 울산, 경남)(e)	4.462	.9238	
나는 교회의 시설환경이 낙후되어 교회를 떠나고자 고민해본 적이 있다.	수도권(서울, 경기, 인천)(a)	4.639	.7883	.974
	충청권(충청, 세종)(b)	4.697	.6840	
	호남제주권(전라, 제주)(c)	4.545	.6710	
	대경강원권(대구, 경북, 강원)(d)	4.544	.8233	
	동남권(부산, 울산, 경남)(e)	4.505	.8951	
나는 나의 교회부서(중고등부)로 인해 교회를 떠나고자 고민해본 적이 있다.	수도권(서울, 경기, 인천)(a)	4.492	.9834	3.011* a>e
	충청권(충청, 세종)(b)	4.576	.9024	
	호남제주권(전라, 제주)(c)	4.273	1.1205	
	대경강원권(대구, 경북, 강원)(d)	4.389	1.0353	
	동남권(부산, 울산, 경남)(e)	4.181	1.1647	

* $p<.05$, ** $p<.001$, 사후분석 Scheffe

7. 청소년의 교회 신앙생활 인식

(1) 학교급별 교회 신앙생활에 대한 인식

청소년들의 학교급별 교회 신앙생활에 대한 인식의 경우 전체적으로 평균 2점대(그렇지 않다)와 1점대(전혀 그렇지 않다)의 부정적인 인식을 확인할 수 있었으며, 일부 항목의 경우 집단에 따라 3점대(보통이다)를 확인할 수 있었다. 이러한 측면은 청소년들의 신앙생활과 관련된 본질적인 요소의 개선과 변화를 이끌어 낼 수 있는 사역 전략이 시급하게 요청됨을 시사하며, 청소년들의 신앙생활의 실태도 여과없이 보여주는 것으로 이해할 수 있다. 문항별로 '나는 앞으로 세례 및 입교를 할 의향이 있다, 나는 신앙적 대화를 나누고 있다'의 문항에서 통계적으로 유의미한 차이가 나타나고 있었으며, 그 외의 문항에 있어서는 통계적으로 무의미하였다.

<표 13> 학교급별 집단 간 차이 분석

(단위: 점(5점 척도))

구분		평균	표준편차	F
나는 앞으로 세례 및 입교를 할 의향이 있다.	중학교(a)	1.686	.9226	9.056** a>b
	고등학교(b)	1.382	.7781	
	기타(c)	1.593	1.1522	
나는 공예배를 참석하고 있다.	중학교(a)	1.944	1.1271	1.750
	고등학교(b)	1.798	1.1055	
	기타(c)	1.667	1.1767	
나는 오후예배를 참석하고 있다.	중학교(a)	2.836	1.3621	1.644
	고등학교(b)	2.880	1.4277	
	기타(c)	2.370	1.4182	

나는 기도시간을 가지고 있다.	중학교(a)	2.226	1.0677	.067
	고등학교(b)	2.213	1.0982	
	기타(c)	2.148	1.0991	
나는 성경읽기 시간을 가지고 있다.	중학교(a)	2.774	1.1877	2.208
	고등학교(b)	2.869	1.2238	
	기타(c)	2.370	1.3629	
나는 신앙적 대화를 나누고 있다.	중학교(a)	2.566	1.1111	4.409* a>b
	고등학교(b)	2.337	1.0614	
	기타(c)	2.148	1.0635	
나는 신앙생활을 실천하기 위해 노력하고 있다.	중학교(a)	2.138	.9860	.747
	고등학교(b)	2.079	.9604	
	기타(c)	1.926	.9578	
나는 전도활동을 하고 있다.	중학교(a)	2.912	1.1824	1.620
	고등학교(b)	3.082	1.2142	
	기타(c)	2.889	1.0500	
나는 교회 공동체에 참석하고 있다.	중학교(a)	1.730	.8352	3.744
	고등학교(b)	1.577	.7285	
	기타(c)	1.889	1.0860	
나는 성경공부 혹은 제자훈련에 참여하고 있다.	중학교(a)	2.554	1.1885	.226
	고등학교(b)	2.622	1.2487	
	기타(c)	2.593	1.5257	
나는 주중 신앙활동과 모임에 참여하고 있다.	중학교(a)	2.672	1.2663	.389
	고등학교(b)	2.764	1.3602	
	기타(c)	2.667	1.3301	
나는 헌금생활을 하고 있다.	중학교(a)	1.874	1.0284	1.855
	고등학교(b)	2.041	1.0943	
	기타(c)	1.926	1.2066	
나는 교회봉사활동을 하고 있다.	중학교(a)	2.625	1.2366	2.332
	고등학교(b)	2.423	1.3081	
	기타(c)	2.296	1.3816	

나는 10년후에도 신앙생활을 하고 있을 것 같다.	중학교(a)	1.604	.8636	.440
	고등학교(b)	1.577	.8910	
	기타(c)	1.444	.8916	

* $p<.05$, ** $p<.001$, 사후분석 Scheffe

(2) 권역별 교회 신앙생활에 대한 인식

청소년들의 권역별 교회 신앙생활에 대한 인식에 있어 '나는 오후예배를 참석하고 있다, 나는 성경읽기 시간을 가지고 있다, 나는 신앙적 대화를 나누고 있다, 나는 신앙생활을 실천하기 위해 노력하고 있다, 나는 교회 공동체에 참석하고 있다, 나는 성경공부 혹은 제자훈련에 참여하고 있다, 나는 교회봉사활동을 하고 있다'가 통계적으로 유의미한 차이를 나타내고 있었으며, 그 외의 문항들은 통계적으로 무의미하였다.

<표 14> 권역별 집단 간 차이 분석

(단위: 점(5점 척도))

구분		평균	표준편차	F
나는 앞으로 세례 및 입교를 할 의향이 있다.	수도권(서울, 경기, 인천)(a)	1.675	1.0257	1.587
	충청권(충청, 세종)(b)	1.515	.7550	
	호남제주권(전라, 제주)(c)	1.591	.6661	
	대경강원권(대구, 경북, 강원)(d)	1.578	.8992	
	동남권(부산, 울산, 경남)(e)	1.472	.8079	
나는 공예배를 참석하고 있다.	수도권(서울, 경기, 인천)(a)	2.037	1.2156	1.636
	충청권(충청, 세종)(b)	1.758	1.1734	
	호남제주권(전라, 제주)(c)	1.955	.8985	
	대경강원권(대구, 경북, 강원)(d)	1.822	1.1075	
	동남권(부산, 울산, 경남)(e)	1.786	1.0655	

나는 오후예배를 참석하고 있다.	수도권(서울, 경기, 인천)(a)	3.335	1.3776	12.642** a>d, a>e, c>e
	충청권(충청, 세종)(b)	2.697	1.0454	
	호남제주권(전라, 제주)(c)	3.591	1.0075	
	대경강원권(대구, 경북, 강원)(d)	2.633	1.4646	
	동남권(부산, 울산, 경남)(e)	2.535	1.3366	
나는 기도시간을 가지고 있다.	수도권(서울, 경기, 인천)(a)	2.168	1.0776	1.460
	충청권(충청, 세종)(b)	2.182	1.0141	
	호남제주권(전라, 제주)(c)	2.591	.7964	
	대경강원권(대구, 경북, 강원)(d)	2.389	1.0673	
	동남권(부산, 울산, 경남)(e)	2.174	1.1067	
나는 성경읽기 시간을 가지고 있다.	수도권(서울, 경기, 인천)(a)	2.712	1.2251	2.859*
	충청권(충청, 세종)(b)	2.667	1.1902	
	호남제주권(전라, 제주)(c)	3.500	1.0118	
	대경강원권(대구, 경북, 강원)(d)	2.989	1.1659	
	동남권(부산, 울산, 경남)(e)	2.756	1.2195	
나는 신앙적 대화를 나누고 있다.	수도권(서울, 경기, 인천)(a)	2.372	1.0873	2.937*
	충청권(충청, 세종)(b)	2.273	1.0687	
	호남제주권(전라, 제주)(c)	3.000	1.0690	
	대경강원권(대구, 경북, 강원)(d)	2.678	1.0258	
	동남권(부산, 울산, 경남)(e)	2.415	1.1091	
나는 신앙생활을 실천하기 위해 노력하고 있다.	수도권(서울, 경기, 인천)(a)	1.979	.9567	6.126** c>a, d>a, d>e
	충청권(충청, 세종)(b)	2.242	.9692	
	호남제주권(전라, 제주)(c)	2.682	.8937	
	대경강원권(대구, 경북, 강원)(d)	2.433	.9368	
	동남권(부산, 울산, 경남)(e)	2.027	.9690	
나는 전도활동을 하고 있다.	수도권(서울, 경기, 인천)(a)	3.000	1.2354	.852
	충청권(충청, 세종)(b)	3.091	1.2084	
	호남제주권(전라, 제주)(c)	3.318	1.1705	
	대경강원권(대구, 경북, 강원)(d)	3.056	1.1838	
	동남권(부산, 울산, 경남)(e)	2.913	1.1669	

나는 교회 공동체에 참석하고 있다.	수도권(서울, 경기, 인천)(a)	1.613	.8122	3.237*
	충청권(충청, 세종)(b)	1.727	.8394	
	호남제주권(전라, 제주)(c)	2.000	.6901	
	대경강원권(대구, 경북, 강원)(d)	1.889	.9173	
	동남권(부산, 울산, 경남)(e)	1.615	.7614	
나는 성경공부 혹은 제자훈련에 참여하고 있다.	수도권(서울, 경기, 인천)(a)	2.414	1.2488	4.846* c>a, c>b
	충청권(충청, 세종)(b)	2.121	1.1112	
	호남제주권(전라, 제주)(c)	3.318	.9946	
	대경강원권(대구, 경북, 강원)(d)	2.778	1.1493	
	동남권(부산, 울산, 경남)(e)	2.632	1.2337	
나는 주중 신앙활동과 모임에 참여하고 있다.	수도권(서울, 경기, 인천)(a)	2.775	1.3004	2.047
	충청권(충청, 세종)(b)	2.545	1.0335	
	호남제주권(전라, 제주)(c)	3.136	1.3556	
	대경강원권(대구, 경북, 강원)(d)	2.922	1.3676	
	동남권(부산, 울산, 경남)(e)	2.592	1.3085	
나는 헌금생활을 하고 있다.	수도권(서울, 경기, 인천)(a)	1.953	1.0376	1.764
	충청권(충청, 세종)(b)	1.697	.9515	
	호남제주권(전라, 제주)(c)	2.318	1.1291	
	대경강원권(대구, 경북, 강원)(d)	2.100	1.2366	
	동남권(부산, 울산, 경남)(e)	1.896	1.0294	
나는 교회봉사활동을 하고 있다.	수도권(서울, 경기, 인천)(a)	2.623	1.2832	3.809*
	충청권(충청, 세종)(b)	2.364	1.0845	
	호남제주권(전라, 제주)(c)	3.045	1.2527	
	대경강원권(대구, 경북, 강원)(d)	2.811	1.2443	
	동남권(부산, 울산, 경남)(e)	2.358	1.2780	
나는 10년후에도 신앙생활을 하고 있을 것 같다.	수도권(서울, 경기, 인천)(a)	1.545	.8315	1.797
	충청권(충청, 세종)(b)	1.636	1.0845	
	호남제주권(전라, 제주)(c)	2.045	.8985	
	대경강원권(대구, 경북, 강원)(d)	1.633	.8670	
	동남권(부산, 울산, 경남)(e)	1.559	.8742	

* $p<.05$, ** $p<.001$, 사후분석 Scheffe

8. 청소년의 교회교육 주제 요구도: 전체 그룹, 성별, 학교급별 구분

(1) 전체 청소년의 교회교육 주제 요구도

전체 청소년들의 교회교육에 대한 주제 선호 및 요구도를 분석하기 위하여 대응표본 t 검정을 실시하였다. 현재 선호 수준에서 찬양 및 CCM 교육의 평균이 가장 높았고, 미래 중요도 수준에서는 기도의 평균이 가장 높았다. 대응표본 t검정 결과는 16개 분야 중 15개 분야에서 통계적으로 유의미한 차이를 보였는데, 본 연구에서 요구는 현재 선호 수준과 미래 중요 수준 간의 차이로 정의되기 때문에 15개 분야에서 갭(gap)으로서의 요구가 존재하였다. 다음으로 Borich의 요구도 값을 산출한 결과 가장 높은 요구도 값은 성경적 리더십이었으며, 다음으로 선교 및 전도, 성경적 진로교육 등의 순이었다. 청소년들의 교회교육 요구도 분석 결과는 <표 15>와 같다.

<표 15> 청소년들의 교회교육 요구도(전체)

구분	현재선호도		미래중요도		차이		요구도	순위
	평균	순위	평균	순위	평균	t값		
성경적 리더십	3.62	13	4.039	8	0.419	-12.385**	1.692341	1
기독교 세계관 (성경적 세계관)	3.772	9	3.969	11	0.197	-5.993**	0.781893	13
성경적 진로교육	3.712	11	3.986	10	0.274	-8.733**	1.092164	3
성경교육	3.924	4	4.153	4	0.229	-7.533**	0.951037	8
신앙양육 프로그램	3.825	6	4.091	6	0.266	-8.925**	1.088206	4
선교 및 전도 교육	3.805	7	4.124	5	0.319	-9.873**	1.315556	2
성경적 경제교육	3.573	15	3.828	15	0.255	-7.558**	0.97614	7
성경적 인간관계 교육	3.983	3	4.159	3	0.176	-5.946**	0.731984	14
성경적 연애 및 결혼	3.775	8	3.998	9	0.223	-7.110**	0.891554	9
기도	4.143	2	4.307	1	0.164	-5.855**	0.706348	15

찬양 및 CCM 교육	4.243	1	4.28	2	0.037	-1.347	0.15836	16
교회론	3.592	14	3.857	14	0.265	-7.953**	1.022105	6
성경적 가정	3.846	5	4.065	7	0.219	-7.082**	0.890235	10
교리교육	3.693	12	3.898	13	0.205	-6.759**	0.79909	11
성경적 정치교육	3.287	16	3.58	16	0.293	-8.316**	1.04894	5
성경적 상담	3.767	10	3.967	12	0.2	-6.711**	0.7934	12

** $p<.001$

다음으로 The Locus for Focus 모델을 활용하여 청소년들의 교회교육 요구 우선순위를 분석한 결과는 <그림 1>과 <표 16>과 같다. 교회교육 주제 요구 영역의 미래 중요 수준 평균은 4.01이며, 불일치 수준(미래 중요 수준-현재 선호 수준)의 평균은 0.23으로 나타났다. 미래 중요 수준의 평균을 x축으로, 불일치 수준의 평균을 y축으로 하여 4사분면으로 나타냈을 때, 제1사분면의 영역에 속하는 사역 영역들은 청소년들이 중요하게 생각하고 미래 중요 수준과 현재 선호 수준 간의 불일치 수준이 높은 것들로 최우선적으로 요구되는 교회교육 요구 영역들이다. 분석 결과, 제1사분면에 포함되는 영역은 성경적 리더십, 선교 및 전도 교육, 신앙양육 프로그램이었으며, 제2사분면은 성경적 정치 교육, 교회론, 성경적 경제교육, 성경적 진로교육, 제3사분면은 교리교육, 기독교세계관, 성경적 상담, 성경적 연애 및 결혼, 제4사분면은 성경적 가정, 성경교육, 성경적 인간관계 교육, 기도, 찬양 및 CCM 교육으로 나타났다.

<그림 1> The Locus for Focus모델을 활용한 우선순위(전체)

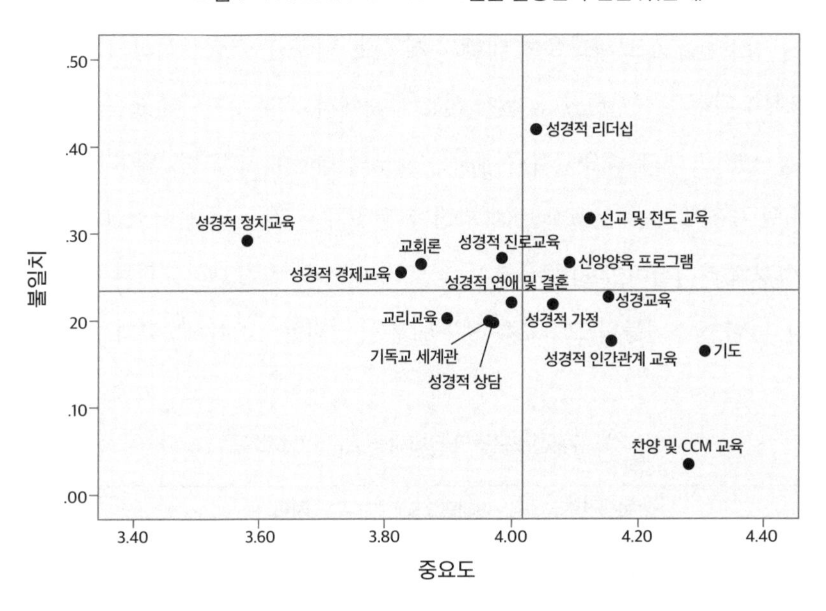

<표 16> The Locus for Focus 모델을 활용한 우선순위(전체)

분면	주제 요구 우선순위
1사분면 (고고)	성경적 리더십, 선교 및 전도교육, 신앙양육 프로그램
2사분면 (저고)	성경적 정치 교육, 교회론, 성경적 경제교육, 성경적 진로교육
3사분면 (저저)	교리교육, 기독교세계관, 성경적 상담, 성경적 연애 및 결혼
4사분면 (고저)	성경적 가정, 성경교육, 성경적 인간관계 교육, 기도, 찬양 및 CCM교육

(2) 남자 청소년의 교회교육 주제 요구도

남자 청소년들의 교회교육에 대한 주제 선호 및 요구도를 분석하기 위하여 대응표본 t 검정을 실시하였다. 현재 선호 수준에서 찬양 및 CCM 교육의 평균이 가장 높았고, 미래 중요도 수준에서는 기도의 평균이 가장 높았다. 다음으로 Borich의 요구도 값을 산출한 결과 가장 높은 요구도 값은 전체 청소년과 동일하게 성경적 리더십이었으며, 선교 및 전도, 신앙양육 프로그램, 교회론 등의 순이었다. 남자 청소년들의 교회교육 요구도 분석 결과는 <표 17>과 같다.

<표 17> 청소년들의 교회교육 요구도(남자)

구분	현재선호도		미래중요도		차이		요구도	순위
	평균	순위	평균	순위	평균	t값		
성경적 리더십	3.676	13	4.074	7	0.398	-7.806**	1.621452	1
기독교 세계관 (성경적 세계관)	3.856	6	3.983	12	0.127	-2.598*	0.505841	15
성경적 진로교육	3.793	10	3.98	13	0.187	-4.346**	0.74426	11
성경교육	3.93	4	4.157	4	0.227	-4.971**	0.943639	7
신앙양육 프로그램	3.853	7	4.134	5	0.281	-6.142**	1.161654	3
선교 및 전도 교육	3.829	8	4.114	6	0.285	-6.143**	1.17249	2
성경적 경제교육	3.662	14	3.923	15	0.261	-4.889**	1.023903	6
성경적 인간관계 교육	3.983	3	4.174	3	0.191	-4.415**	0.797234	9
성경적 연애 및 결혼	3.789	11	4.003	10	0.214	-4.656**	0.856642	8
기도	4.147	2	4.278	1	0.131	-3.315**	0.560418	14
찬양 및 CCM 교육	4.154	1	4.221	2	0.067	-1.494	0.282807	16
교회론	3.652	15	3.926	14	0.274	-5.451**	1.075724	4
성경적 가정	3.9	5	4.064	8	0.164	-3.741**	0.666496	13
교리교육	3.769	12	3.96	13	0.191	-4.584**	0.75636	10
성경적 정치교육	3.385	16	3.676	16	0.291	-5.541**	1.069716	5
성경적 상담	3.819	9	3.993	11	0.174	-3.994**	0.694782	12

**$p<.001$

다음으로 The Locus for Focus 모델을 활용하여 남자 청소년들의 교회교육 요구 우선순위를 분석한 결과는 <그림 2>와 <표 18>과 같다. 미래 중요 수준 평균은 4.04이며, 불일치 수준(미래 중요 수준-현재 선호 수준)의 평균은 0.21으로 나타났다. 분석 결과, 제1사분면에 포함되는 영역은 성경적 리더십, 선교 및 전도교육, 신앙양육 프로그램, 성경교육이었으며, 제2사분면은 성경적 정치 교육, 교회론, 성경적 경제교육, 제3사분면은 성경적 진로교육, 교리교육, 성경적 상담, 기독교세계관, 제4사분면은 성경적 가정, 성경적 인간관계 교육, 기도, 찬양 및 CCM 교육으로 나타났다.

<그림 2> The Locus for Focus모델을 활용한 우선순위(남자)

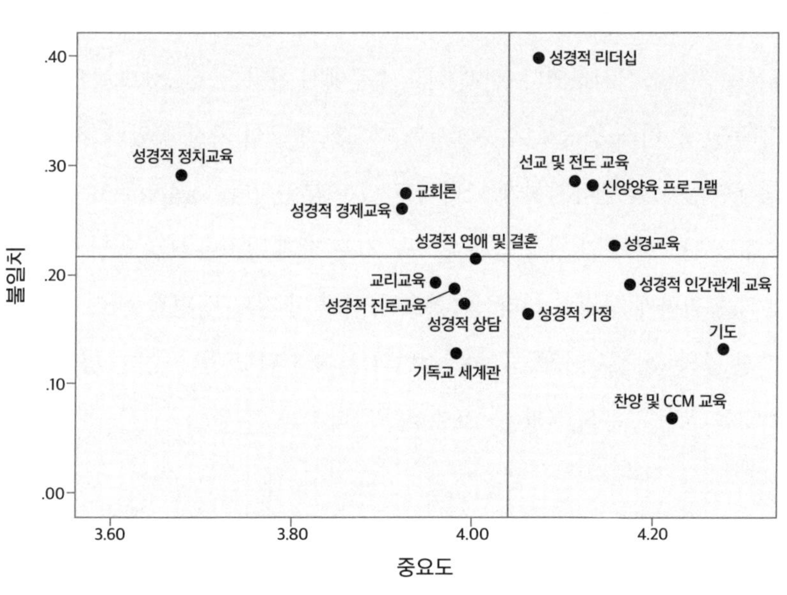

<표 18> The Locus for Focus 모델을 활용한 우선순위(남자)

분면	주제 요구 우선순위
1사분면 (고고)	성경적 리더십, 선교 및 전도교육, 신앙양육 프로그램, 성경교육
2사분면 (저고)	성경적 정치 교육, 교회론, 성경적 경제교육
3사분면 (저저)	성경적 진로교육, 교리교육, 성경적 상담, 기독교세계관, 성경적 연애 및 결혼
4사분면 (고저)	성경적 가정, 성경적 인간관계 교육, 기도, 찬양 및 CCM교육

(3) 여자 청소년의 교회교육 주제 요구도

여자 청소년들의 교회교육에 대한 주제 선호 및 요구도를 분석하기 위하여 대응표본 t 검정을 실시하였다. 현재 선호 수준에서 찬양 및 CCM 교육의 평균이 가장 높았고, 미래 중요도 수준에서는 기도의 평균이 가장 높았다. 해당 사항은 청소년들에 있어 유사하게 나타나고 있는 부분이다. 다음으로 Borich의 요구도 값을 산출한 결과 가장 높은 요구도 값은 전체 청소년 그리고 남자 청소년 구분과 동일하게 성경적 리더십이었으며, 선교 및 전도, 성경적 진로교육, 성경적 가정 등의 순으로 전체, 남자 청소년과 차이가 나고 있다. 여자 청소년들의 교회교육 요구도 분석 결과는 <표 19>와 같다.

<표 19> 청소년들의 교회교육 요구도(여자)

구분	현재선호도		미래중요도		차이		요구도	순위
	평균	순위	평균	순위	평균	t값		
성경적 리더십	3.571	13	4.009	8	0.438	-9.706**	1.755942	1
기독교 세계관 (성경적 세계관)	3.696	10	3.955	11	0.259	-5.877**	1.024345	7

성경적 진로교육	3.64	11	3.991	10	0.351	-7.828**	1.400841	3
성경교육	3.92	4	4.149	3	0.229	-5.678**	0.950121	9
신앙양육 프로그램	3.801	5	4.054	7	0.253	-6.481**	1.025662	6
선교 및 전도 교육	3.783	7	4.134	5	0.351	-7.760**	1.451034	2
성경적 경제교육	3.494	15	3.744	15	0.25	-5.858**	0.936	10
성경적 인간관계 교육	3.982	3	4.146	4	0.164	-4.005**	0.679944	15
성경적 연애 및 결혼	3.762	8	3.994	9	0.232	-5.376**	0.926608	11
기도	4.14	2	4.333	1	0.193	-4.886**	0.836269	13
찬양 및 CCM 교육	4.321	1	4.333	2	0.012	-.340	0.051996	16
교회론	3.539	14	3.795	14	0.256	-5.790**	0.97152	8
성경적 가정	3.798	6	4.065	6	0.267	-6.174**	1.085355	4
교리교육	3.625	12	3.842	13	0.217	-4.970**	0.833714	14
성경적 정치교육	3.199	16	3.494	16	0.295	-6.205**	1.03073	5
성경적 상담	3.72	16	3.494	16	0.295	-6.205**	0.879289	12

$^{**}p<.001$

다음으로 The Locus for Focus 모델을 활용하여 여자 청소년들의 교회교육 요구 우선순위를 분석한 결과는 <그림 3>과 <표 20>과 같다. 미래 중요 수준 평균은 3.99이며, 불일치 수준(미래 중요 수준-현재 선호 수준)의 평균은 0.24로 나타났다. 분석 결과, 제1사분면에 포함되는 영역은 성경적 리더십, 선교 및 전도교육, 성경적 가정, 신앙양육 프로그램이었으며, 제2사분면은 성경적 진로교육, 성경적 정치교육, 기독교세계관, 교회론, 성경적 경제교육, 제3사분면은 교리교육, 성경적 상담, 성경적 연애 및 결혼, 제4사분면은 성경교육, 성경적 인간관계 교육, 기도, 찬양 및 CCM 교육으로 나타났다.

<그림 3> The Locus for Focus모델을 활용한 우선순위(여자)

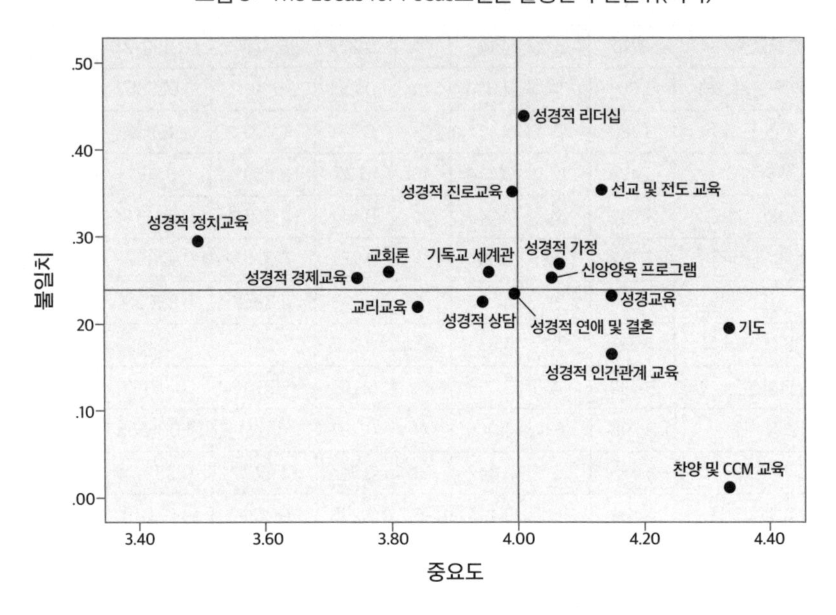

<표 20> The Locus for Focus 모델을 활용한 우선순위(여자)

분면	주제 요구 우선순위
1사분면 (고고)	성경적 리더십, 선교 및 전도교육, 성경적 가정, 신앙양육 프로그램
2사분면 (저고)	성경적 진로교육, 성경적 정치교육, 기독교세계관, 교회론, 성경적 경제교육
3사분면 (저저)	교리교육, 성경적 상담, 성경적 연애 및 결혼
4사분면 (고저)	성경교육, 성경적 인간관계 교육, 기도, 찬양 및 CCM교육

(4) 중학생 청소년의 교회교육 주제 요구도

중학생 청소년들의 교회교육에 대한 주제 선호 및 요구도를 분석하기 위하여 대응표본 t 검정을 실시하였다. 현재 선호 수준에서 찬양 및 CCM 교육의 평균이 가장 높았고, 미래 중요도 수준에서는 기도의 평균이 가장 높았다. 해당 사항은 전체적인 청소년들에 있어 유사하게 나타나고 있는 부분이다. 다음으로 Borich의 요구도 값을 산출한 결과 가장 높은 요구도 값은 성경적 리더십이었으며, 선교 및 전도, 성경적 정치교육, 성경교육, 신앙양육 프로그램 등의 순으로 나타났다. 중학생 청소년들의 교회교육 요구도 분석 결과는 <표 21>과 같다.

<표 21> 청소년들의 교회교육 요구도(중학생)

구분	현재선호도		미래중요도		차이		요구도	순위
	평균	순위	평균	순위	평균	t값		
성경적 리더십	3.507	15	3.933	8	0.426	-8.956**	1.675458	1
기독교 세계관 (성경적 세계관)	3.695	8	3.906	9	0.211	-4.633**	0.824166	15
성경적 진로교육	3.598	11	3.862	12	0.264	-5.822**	1.019568	7
성경교육	3.85	4	4.117	3	0.267	-6.172**	1.099239	4
신앙양육 프로그램	3.754	5	4.021	6	0.267	-6.446**	1.073607	5
선교 및 전도 교육	3.751	6	4.076	5	0.325	-7.054**	1.3247	2
성경적 경제교육	3.534	14	3.795	15	0.261	-5.411**	0.990495	11
성경적 인간관계 교육	3.915	3	4.117	4	0.202	-4.613**	0.831634	14
성경적 연애 및 결혼	3.589	12	3.85	13	0.261	-5.788**	1.00485	9
기도	4.021	2	4.252	1	0.231	-5.568**	0.982212	12
찬양 및 CCM 교육	4.117	1	4.214	2	0.097	-2.404*	0.408758	16
교회론	3.569	13	3.833	14	0.264	-5.750**	1.011912	8
성경적 가정	3.745	7	3.968	7	0.223	-5.127**	0.884864	13
교리교육	3.628	9	3.886	10	0.258	-5.934**	1.002588	10
성경적 정치교육	3.267	16	3.622	16	0.355	-7.864**	1.28581	3
성경적 상담	3.619	10	3.883	11	0.264	-5.923**	1.025112	6

**$p<.001$

다음으로 The Locus for Focus 모델을 활용하여 중학생 청소년들의 교회교육 요구 우선순위를 분석한 결과는 <그림 4>와 <표 22>와 같다. 미래 중요 수준 평균은 3.95이며, 불일치 수준(미래 중요 수준-현재 선호 수준)의 평균은 0.26로 나타났다. 분석 결과, 제1사분면에 포함되는 영역은 선교 및 전도교육, 성경교육, 신앙양육 프로그램이었으며, 제2사분면은 성경적 리더십, 성경적 정치 교육, 성경적 연애 및 결혼, 성경적 경제교육, 교회론, 성경적 진로교육, 성경적 상담, 교리교육, 제3사분면은 기독교세계관, 제4사분면은 성경적 가정, 성경적 인간관계교육, 기도, 찬양 및 CCM 교육으로 나타났다.

<그림 4> The Locus for Focus모델을 활용한 우선순위(중학생)

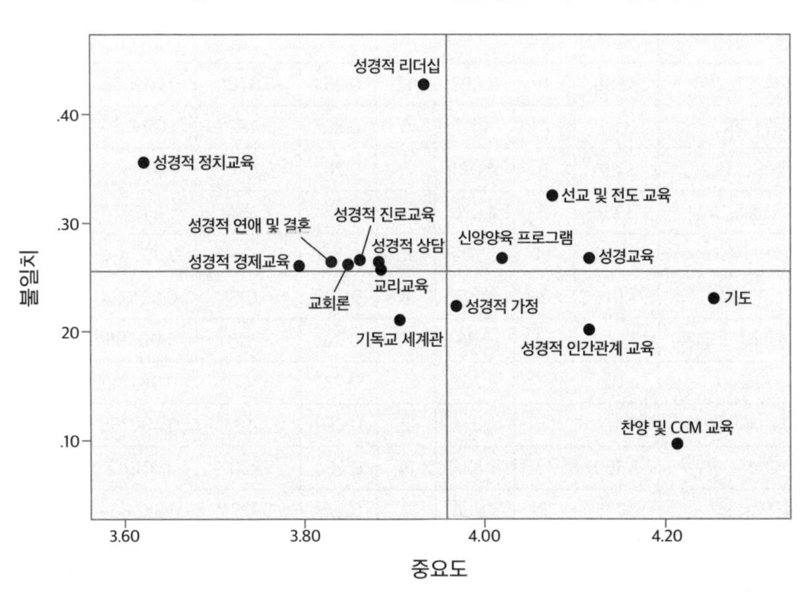

<표 22> The Locus for Focus 모델을 활용한 우선순위(중학생)

분면	주제 요구 우선순위
1사분면 (고고)	선교 및 전도교육, 성경교육, 신앙양육 프로그램
2사분면 (저고)	성경적 리더십, 성경적 정치 교육, 성경적 연애 및 결혼, 성경적 경제교육, 교회론, 성경적 진로교육, 성경적 상담, 교리교육
3사분면 (저저)	기독교세계관
4사분면 (고저)	성경적 가정, 성경적 인간관계 교육, 기도, 찬양 및 CCM교육

(5) 고등학생 청소년의 교회교육 주제 요구도

고등학생 청소년들의 교회교육에 대한 주제 선호 및 요구도를 분석하기 위하여 대응표본 t 검정을 실시하였다. 현재 선호 수준에서 찬양 및 CCM 교육의 평균이 가장 높았고, 미래 중요도 수준에서는 기도의 평균이 가장 높았다. 해당 사항은 중학생 청소년들과도 유사하게 나타나고 있는 부분이다. 다음으로 Borich의 요구도 값을 산출한 결과 가장 높은 요구도 값은 성경적 리더십이었으며, 성경적 진로교육, 신앙양육 프로그램, 교회론 등의 순으로 나타나고 있다. 고등학생 청소년들의 교회교육 요구도 분석 결과는 <표 23>과 같다.

<표 23> 청소년들의 교회교육 요구도(고등학생)

구분	현재선호도		미래중요도		차이		요구도	순위
	평균	순위	평균	순위	평균	t값		
성경적 리더십	3.749	13	4.184	5	0.435	-8.545**	1.82004	1
기독교 세계관 (성경적 세계관)	3.846	10	4.056	12	0.21	-4.361**	0.85176	8
성경적 진로교육	3.843	11	4.139	10	0.296	-6.490**	1.225144	3

성경교육	4.011	4	4.184	6	0.173	-3.936**	0.723832	11
신앙양육 프로그램	3.914	8	4.176	7	0.262	-5.789**	1.094112	4
선교 및 전도 교육	3.854	9	4.191	4	0.337	-7.022**	1.412367	2
성경적 경제교육	3.618	14	3.85	15	0.232	-4.697**	0.8932	6
성경적 인간관계 교육	4.064	3	4.202	3	0.138	-3.431*	0.579876	13
성경적 연애 및 결혼	3.985	5	4.165	9	0.18	-4.149**	0.7497	10
기도	4.303	2	4.393	1	0.09	-2.307*	0.39537	15
찬양 및 CCM 교육	4.397	1	4.382	2	-0.015	.368	-0.06573	16
교회론	3.607	15	3.88	14	0.273	-5.571**	1.05924	5
성경적 가정	3.966	6	4.176	8	0.21	-4.500**	0.87696	7
교리교육	3.764	12	3.925	13	0.161	-3.763**	0.631925	12
성경적 정치교육	3.296	16	3.532	16	0.236	-3.960**	0.833552	9
성경적 상담	3.959	7	4.086	11	0.127	-3.183**	0.518922	14

**p<.001

다음으로 The Locus for Focus 모델을 활용하여 고등학생 청소년들의 교회교육 요구 우선순위를 분석한 결과는 <그림 5>와 <표 24>와 같다. 미래 중요 수준 평균은 3.99이며, 불일치 수준(미래 중요 수준-현재 선호 수준)의 평균은 0.19로 나타났다. 분석 결과, 제1사분면에 포함되는 영역은 성경적 리더십, 선교 및 전도 교육, 성경적 진로교육, 신앙양육 프로그램, 성경적 가정이었으며, 제2사분면은 기독교세계관, 교회론, 성경적 경제교육, 성경적 정치교육, 제3사분면은 교리교육, 성경적 상담, 제4사분면은 성경적 연애 및 결혼, 성경교육, 성경적 인간관계 교육, 기도, 찬양 및 CCM 교육으로 나타났다.

<그림 5> The Locus for Focus모델을 활용한 우선순위(고등학생)

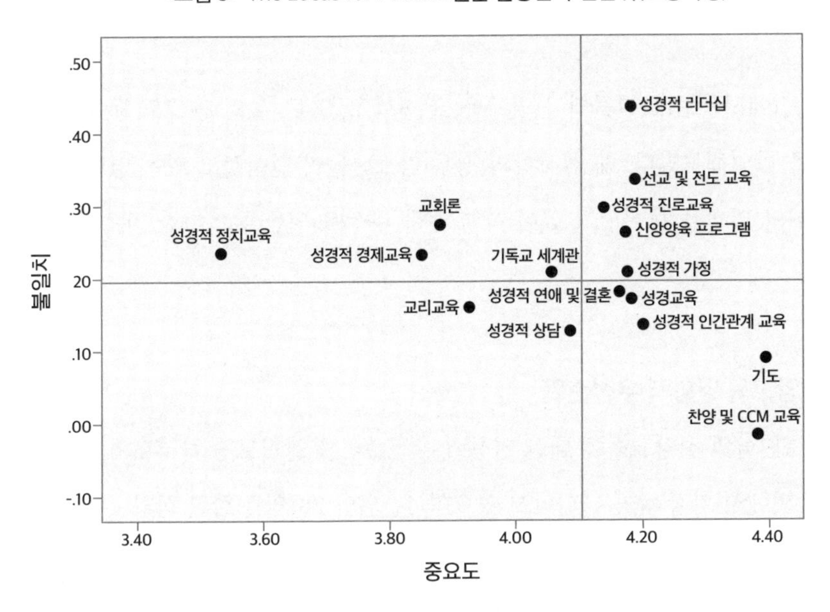

<표 24> The Locus for Focus 모델을 활용한 우선순위(고등학생)

분면	주제 요구 우선순위
1사분면 (고고)	성경적 리더십, 선교 및 전도교육, 성경적 진로교육, 신앙양육 프로그램, 성경적 가정
2사분면 (저고)	기독교세계관, 교회론, 성경적 경제교육, 성경적 정치교육
3사분면 (저저)	교리교육, 성경적 상담
4사분면 (고저)	성경적 연애 및 결혼, 성경교육, 성경적 인간관계 교육, 기도, 찬양 및 CCM교육

9. 기타 항목

본 절에서는 청소년들의 신앙교육, 교회학교, SFC, 삶의 만족도 등에 대한 인식을 확인해보았다. 해당 사항의 경우 청소년들이 인식하고 있는 영역별 우선순위와 인식을 보여주고 있어 사역 전략 구성을 위한 유의미한 기초자료가 된다.

(1) 신앙교육 영향력 우선순위

청소년들의 신앙교육에 대한 영향력 우선순위를 살펴보면 학부모의 영향력이 1순위에서 가장 높게 나타나고 있으며, 1순위와 2순위를 합한 상황 속에서도 학부모의 우선순위가 가장 높게 나타나고 있음을 확인할 수 있다. 이는 청소년들에게 있어 학부모의 신앙교육 영향력이 가장 높게 인식되고 있음을 시사하는 것이며, 학부모와의 연계 사역에 대한 노력이 필요함을 의미하는 것이다. 이어서 담임목사, 담당교역자의 순으로 나타나고 있었다.

<표 > 신앙교육 영향력 우선순위

	1순위(a)	2순위(b)	a+b
담임목사	107(16.9%)	118(18.6%)	225
담당교역자	81(12.8%)	137(21.6%)	218
교사	30(4.7%)	80(12.6%)	110
학부모	277(43.6%)	116(18.3%)	393
학생자신	66(10.4%)	78(12.3%)	144
친구	58(9.1%)	69(10.9%)	127
간사(신앙단체)	11(1.7%)	18(2.8%)	29
교회 성도	5(0.8%)	19(3.0%)	24

(2) 교회학교가 성장하지 않는 이유

청소년들이 인식하는 교회학교가 성장하지 않는 이유로는 기독교에 대한 부정적인 인식이 1순위로 가장 높게 나타났으며, 다음으로 학생의 개인적 요인 순이었다. 2순위에서도 유사하였으나 교회학교 프로그램의 흥미없음이 2순위의 15.6%를 차지해주었다. 전체적으로 기독교에 대한 부정적 인식, 학생의 개인적 요인, 교회학교 프로그램의 흥미없음, 전도하지 않음, 교회의 교회학교(중/고등부)에 대한 관심 부족의 순으로 나타나고 있어 관련 사항에 대한 사역적 집중과 대응이 시급함을 확인할 수 있다.

<표 25> 교회학교가 성장하지 않는 이유 우선순위

	1순위(a)	2순위(b)	a+b
담임목사의 리더십 부족	5(0.8%)	9(1.4%)	14
담임목사의 목회철학 부재	8(1.3%)	3(0.5%)	11
교역자의 전문성 부족	10(1.6%)	5(0.8%)	15
교사의 낮은 헌신도	6(0.9%)	13(2.0%)	19
학생의 개인적 요인	148(23.3%)	127(20.0%)	275
교회학교 프로그램의 흥미없음	64(10.1%)	99(15.6%)	163
기독교에 대한 부정적 인식	187(29.4%)	94(14.8%)	281
출산율의 저하	59(9.3%)	67(10.6%)	126
부모의 관심 부족	22(3.5%)	32(5.0%)	54
전도하지 않음	61(9.6%)	96(15.1%)	157
재정의 부족	10(1.6%)	24(3.8%)	34
교회의 교회학교(중고등부)에 대한 관심 부족	55(8.7%)	66(10.4%)	121

(3) SFC가 성장하지 않는 이유

청소년들이 인식하는 SFC가 성장하지 않는 이유에 대한 우선순위에서는 1순위에서 학생의 개인적 요인(24.9%), 기독교에 대한 부정적 인식, 선교단체 프로그램의 흥미없음(12.3%)의 순이었으며, 2순위에서도 해당 사항들이 우선순위가 높게 인식되었다. 전체적으로 학생의 개인적 요인, 기독교에 대한 부정적 인식, 선교단체 프로그램의 흥미없음이 높게 나타났으며, 그 외 교회의 관심부족, 전도하지 않음, 학교와의 연계 부족도 이유로 제시되고 있었다.

<표 26> SFC가 성장하지 않는 이유 우선순위

	1순위(a)	2순위(b)	a+b
선교단체의 철학의 부재	10(1.6%)	8(1.3%)	18
재정의 부족	27(4.3%)	22(3.5%)	49
간사의 전문성 부족	6(0.9%)	5(0.8%)	11
간사의 낮은 헌신도	8(1.3%)	9(1.4%)	17
학생의 개인적 요인	158(24.9%)	160(25.2%)	318
선교단체 프로그램의 흥미없음	78(12.3%)	91(14.3%)	169
기독교에 대한 부정적 인식	158(24.9%)	93(14.6%)	251
학교와의 연계 부족	56(8.8%)	74(11.7%)	130
교회의 관심 부족	74(11.7%)	85(13.4%)	159
전도하지 않음	60(9.4%)	88(13.9%)	148

(4) 삶의 영역별 만족도

청소년들의 삶의 영역별 만족도를 학교급별로 구분하여 살펴보면, 모든 영역에 있어 통계적인 차이는 발생하고 있지 않아 영역별 집단의 인식이 유사하게 이루어지고 있음을 예상케 한다. 하지만 청소년들의 영역별 만족도의 수준이 2점대(그렇지 않다)와 1점대(전혀 그렇지 않다)의 부정적인 인식을 보이고 있어 이에 대한 긍정적 측면의 변화가 시급하게 이루어질 필요가 있다. 즉 청소년들의 경우 현재 일상의 삶, 교회활동, 신앙생활, 학교생활, SFC 활동에 대해 긍정적이지 않은 인식을 가지고 생활하고 있음을 시사하고 있어 이에 대한 대처가 내실 있게 이루어질 필요가 있다는 것이다.

<표 27> 학교급별 집단별 차이 분석

(단위: 점(5점 척도))

구분		평균	표준편차	F
나는 일상의 삶에 전반적으로 만족하고 있다	중학교(a)	2.126	1.0841	.441
	고등학교(b)	2.109	1.0723	
	기타(c)	1.926	.7299	
나는 교회활동에 전반적으로 만족하고 있다	중학교(a)	2.047	1.0478	1.287
	고등학교(b)	1.974	1.0238	
	기타(c)	1.741	.9027	
나는 신앙생활에 전반적으로 만족하고 있다	중학교(a)	2.199	1.0771	.403
	고등학교(b)	2.131	1.0768	
	기타(c)	2.074	1.0715	
나는 학교생활에 전반적으로 만족하고 있다	중학교(a)	2.132	1.1492	.209
	고등학교(b)	2.187	1.1962	
	기타(c)	2.222	1.1209	
나는 SFC에 전반적으로 만족하고 있다	중학교(a)	2.079	1.0416	.294
	고등학교(b)	2.026	1.0492	
	기타(c)	2.148	.9885	

청소년 사역을 위한 전략 구성하기

본 장에서는 실증적 데이터 분석을 통하여 도출된 청소년들의 인식을 바탕으로 실제적인 청소년 사역을 위한 방향성을 제안하고자 하며, 이를 바탕으로 현장 목회와 청소년 사역의 전략을 구성하는 데 필요한 기초자료를 제공하고자 한다.

1. 청소년의 교회와 삶 관련 사역 방향

교회 생활과 학교 생활의 간극을 메우는 교회가 되어야 한다.

#깨어진 신앙과 삶의 다리 잇기 #식전기도부터 시작 #교회 절기 활용하기

본 연구 결과를 보면, 청소년들은 교회 생활과 삶이 완전한 독립체로 되어 있다고 답했다. 교회의 영향력이 평균 2점대와 1점대로 부정적인 인식을 가지고 있는 것으로 나타났다. 특히 학교를 주요 생활권으로 살아가는 중고생들이 학교에서는 전혀 그리스도인임을 드러내지 못하고 있었다. 그렇기 때문에 더욱 교역자와 교사들은 학생들과 접촉할 때 학교생활을 함께 나누어야 한다. 청소년들이 '선데이 크리스찬(Sunday Christian)'으로 남지 않고 '에브리데이 크리스찬(Everyday Christian)'으로 살 수 있도록 말이다. 설교의 적용과 반별 공부의 내용들, 나눔을 통해 '주님 학교 다녀오겠습니다'라는 심정으로 등교할 것을 적극적으로 독려하면 청소년들이 교회와 삶을 연결시킬 수 있는 고리가 될 것이다.

가장 좋은 첫 번째 시작으로 식전기도를 활용할 수 있다. 청소년들로 하여금 가장 쉬운 방식으로 일용할 양식의 주인되시는 하나님을 고백하게 하자. 짧은 10초의 시간으로 학교 생활 가운데에서도 하나님을 기억하고, 주변 친구들에게도 그리스도인임을 드러낼 수 있는 좋은 기회가 될 것이다. 두 번째 방식으로는 교회절기를 활용할 수 있다. 청소년들은 스스로 그리스도인임을 드러내기 어려워하는데, 불신자들도 잘 알고 있는 교회 절기(부활절, 성탄절 등)를 활용하면 쉽게 그리스도인임을 드러낼 수 있다. 작은 선물을 제일 친한 친구 단 한 명만에게라도 준다면, 작은 전도의 기회가 될 뿐 아니라 스스로 그리스도인임을 드러낼 수 있는 좋은 발판이 될 수 있다.

교회여 본질로 돌아가라!

#교회와 신앙생활 #본질

청소년들에게 교회가 신앙생활에 얼마나 영향을 주는지 물었다. 안타깝게도 교회는 청소년들의 신앙생활에 전혀 영향을 미치고 있지 않다고 답했다. 교회의 본질이 신앙생활이라고 정의한다면 이는 가슴 아픈 결과이다. 더욱이 청소년들은 교회로부터 성경공부나 정통적인 교리교육을 이해하는 데 도움을 받지 못하는 것으로 나타나고 있다. 그렇기에 교회는 다른 사역들을 제쳐 두고 청소년들의 신앙생활에 관심을 가지고 교회의 본질로 돌아가야 한다. 바른 말씀 선포와 기도, 성경공부와 제자양육으로 그들을 섬기고 풍성한 은혜의 보좌로 이끌어가야 한다. 그렇게 할 때 청소년들은 교회로부터 신앙생활과 관련해 도움을 받음으로 더 건강하고 온전한 하나님의 사람들로 세워질 것이다.

교회를 '보내는' 부모가 아니라 함께 '교회 생활을 하는' 부모가 되어야 한다.

#팬데믹뿐 아니라 엔데믹에도 여전히 #신앙의 부모 되기

우리는 지난 3년간 팬데믹 시대를 겪으면서 교회에 갈 수 없는 초유의 사태를 경험했다. 그래서 가정의 신앙 교육이 중요함을 몸소 체험했다. 하지만 엔데믹[1] 시대에도 여전히 가정 교육의 필요성을 간과할 수 없다.

본 연구에서 청소년들은 '교회는 나의 부모관계에 영향을 준다'는 문항에서 중학교 1.906, 고등학교 1.835, 기타 1.519로 모든 세대에서 1점대로 나타났다. 이 연구의 대상자는 유아세례·입교의 비율이 61.6%로 반 이상을 차지하는데, 이 점을 고려하면 '교회는 나의 부모관계에 영향을 준다'가 1점대, 곧 전혀 그렇지 않다는 결과인 것은 우리가 눈여겨 볼 만하다.

부모님이 교회생활을 하든 하지 않든 나의 교회생활은 부모관계를 포함한 모든 삶의 전반적인 부분에 영향을 미쳐야 한다. 부모세대들은 자녀들을 교회에 데려다주거나 보내는 정도가 아니라 함께 교회에서 예배드리고, 신앙생활을 하는 정도에까지 이르러야 한다. 부모님과 함께 교회생활을 하기 위해 부서에서 부모님과 함께 드리는 예배를 기획하거나, 어버이주일 등을 기념하여 부모님과 함께 하나님에 관한 이야기를 하는 등의 방식과 불신자 가정을 위해 부모님 초청 주일 혹은 부모님께 교회에서 준비한 선물 드리기 등의 방식을 함께 고려해야 한다.

2. 교회 교육 상황 관련 사역 방향

전국적으로 청소년 교회교육 상황은 우울하다.

#교회교육_날씨_전국적_흐림 #청소년교육_비상상황_발령

청소년 교회교육 상황에 대한 권역별 인식을 살펴보면, 성경공부 시간, 도전

1. 앤데믹은 종식되지 않고 주기적으로 발생하거나 풍토병으로 고착화된 감염병.

감을 주는 학습활동, 교제 활용, 내용 요약, 수준에 맞는 내용, 교사의 준비 등 모든 면에서 만족도가 평균 이하인 1, 2점대로 나왔다. 전국적으로 청소년 교육에서 선전하는 지역이 없음이 안타깝다. 물론 개교회에서 교육이 잘 이루어지고 있을 가능성도 있다. 하지만 개교회일 뿐, 개교회가 지역교회에 영향을 미치지 못한다는 추론도 가능하다. 교회나 교단은 이런 인식을 무겁게 받아들이고 개교회의 교육이 지역과 전체 교회들에 영향을 주도록 하거나 교단 차원에서 교회교육 TF팀을 조직하여 모든 지역의 교회들이 성장할 수 있는 교회교육 방안을 제시할 필요가 있다.

교회교육의 환경과 내용에 개선이 필요하다.

#시간부족&사기저하 #NO_Imformation #Impact메시지.

교회교육 상황에 대한 인식을 살펴보면, '충분한 시간을 가지고 교육을 진행한다'에 대해 중고, 기타급 모두 부정적인 답변이었으며, '교회는 학생들에게 도전감을 갖도록 학습활동을 진행한다'고 했을 때 모두 2점대로 부정적으로 답변했다. 이것은 교육시간도 부족하고, 내용면에서 자신에게 도전적으로 다가오지 않는다는 것이다. 환경과 내용 모두 개선이 필요하다. 시간부족에 대해선 실제로 교육시간이 부족하다는 측면과 청소년들이 교육내용을 교육이라 생각하지 않는 경향도 있을 것이다. 많은 내용을 교육했지만 '임팩트'가 부족하다고 볼 수 있다. 교사들은 청소년들에게 '임포메이션'이 아니라 '임팩트'로 전달할 수 있는 준비가 필요하다.

눈높이로 교육해주세요.

#교육자료_필요해요 #잘파세대의_이해 #첫GBT에게_물어봐.

'교회는 학생들의 특성(요구, 적성, 재능, 학습 스타일)을 고려하여 교육활동을 진행한다'와 '적절한 수업 방법(수업자료 및 시설)를 활용한다'에 대한 문항에 중고, 기타급 학생들 모두 '그렇지 않다'라고 답했다. 그중에서 중학생들의 답변이 고등학생들보다 '더 그렇지 않다'라고 답하여 통계적으로 유의미한 내용으로 나타났다. 이는 중학생들을 이해하는 능력과 그들에게 맞는 교육방식을 택해야 할 필요가 있음을 보여준다. 교사는 내용의 중요성을 담기 위한 그릇을 만들기 위해 이 시대의 청소년들을 이해할 필요가 있으며, 유튜브 혹은 쳇GBT를 활용하는 등 교육의 효과를 극대화할 필요가 있다.

교사의 역량 강화, 교사도 느끼고 있다.
(전문성, 학생에 대한 이해, 주제에 대한 간결함)

#교사_전문가가_되어야_해요 #주제는_간결하게 #오늘_수업을_한마디로_요약하면

학생들이 보는 교사의 이해도 참담하다. '교사의 역량', '준비성'에 대해 학생들이 보기에도 불만족스럽다. '주제에 대해 간결하게 요약한다'에 대한 질문에도 '그렇지 않다'고 답변하고 있다. 이것은 교사도 느끼는 바가 같다. 작년 SFC에서 출간한 『위드 코로나시대, 다음세대 신앙리포트2』에서 교사 요구도 조사에 보면 '사역의 스터디 활동', '독서활동', '세미나'가 필요하다고 답하였다. 자신의 역량에 대해 부족하다고 인식하는 교사들이 많았다. 교사는 매우 중요하다. 가정 내에서 어른의 역할을 부모가 한다면, 교회 내에서 부모 역할은 교사가 되어야 한다. 교역자는 언젠가 이동할 사람이지만 교사는 계속해서 어른으로 본을 보여야 하는 사람이다. 교사는 청소년들에게 부끄럽지 않도록 개인 역량 강화를 위해 노력해야 하며, 교회는 이를 지원해야 한다.

3. 청소년의 교회 인식 개선 사역 방향

교회 출석뿐만 아니라 신앙의 상태, 영적인 필요가 제대로 충족되고 있는지 지속적으로 점검해야 한다.

#영적인필요 #신앙점검 #가정과의연계

많은 교회들이 청소년들의 교회 출석에 깊은 관심을 기울인다. 하지만 상대적으로 청소년들의 신앙과 영적인 상태에 대해서는 충분한 관심을 기울이지 못하는 경우가 많다. 이번 조사에서 '신앙 자체에 대한 회의감이 들어', '영적인 필요가 채워지지 않아서', '신앙생활을 해도 성장하지 않는 자신의 모습 때문에' 교회를 떠나고자 고민해본 적이 있다는 문항에 대한 응답이 공통적으로 높은 점수를 기록했다. 평소에는 잘 드러나지 않는 청소년들의 내적, 신앙적 고민을 교회가 잘 헤아려 보아야 한다. 교역자와 교사는 청소년들의 고민을 더 자주 들을 수 있도록 접촉을 늘려야 한다. 이 부분은 주일날 주 1회만 만나서는 해결할 수 없다. 주중에도 청소년들의 삶의 자리와 시간 속으로 들어가려는 노력이 필요하다. 또한 가정과 연계하여 청소년들이 신앙에 대하여 어떤 고민을 하고 있는지 들을 수 있는 기회를 더 많이 만들어야 한다. 더 많은 시간과 공간을 공유하는 부모들을 통해서 들을 수 있는 청소년들의 고민이 많을 수 있기 때문이다. 그리고 교회학교의 프로그램이 청소년들의 내적, 신앙적 고민을 충분히 들을 수 없는 구조로 짜여 있지는 않은지도 점검해 보아야 한다. 재미와 역동성 위주로 운영하다 보면 수적 성장이 따라올 수 있지만, 청소년들의 마음 속에서 일어나는 일들을 차분히 귀 기울여 들을 수 있는 기회를 놓칠 수도 있기 때문이다.

목회자의 자질과 역량에 대한 집중적인 교육과 훈련이 필요하다.

#목회자 #신앙디딤돌 #교단차원의훈련

교회의 목회자는 청소년들의 신앙성장과 교육에 큰 영향을 미치는 것으로 이해되어 왔다. 그런데 이번 조사에서 목회자 때문에 교회를 떠나고자 고민해 본 적이 있다는 청소년들의 응답이 굉장히 높은 점수로 나타났다. 목회자가 청소년의 신앙성장에 있어서 '디딤돌' 역할을 해주어야 하는데, 오히려 '걸림돌'이 되고 있는 것은 아닌지 심각하게 고민하게 된다. 목회자는 자신의 사역방식과 언어생활이 감수성이 예민한 청소년들을 교육하는 데 적절한지 스스로 돌아볼 수 있어야 한다. 그리고 빠르게 변화하는 청소년들의 문화와 사고 방식에 맞게 말하고 행동하고 있는지도 반성해보아야 한다.

교회가 속한 교단은 신학교 때부터 목회자의 자질을 집중적으로 점검하고 성품과 윤리적 측면을 확인해야 한다. 그리고 목회자들이 성경과 신학을 기초로 올바른 설교를 할 수 있도록 잘 훈련시키고 준비시켜야만 한다. 또한 장년을 대상으로 한 사역뿐만 아니라 청소년들을 대상으로 한 사역방법과 설교방법을 교단차원에서 연구 개발하여 교육할 필요도 있다.

교회는 청소년들을 존중하는 의사소통 방식을 만들기 위해 노력해야 한다.

#의사소통 #소통방식연구

교회의 사역방향을 비롯한 중요한 의사결정은 주로 장년들을 중심으로 이뤄진다. 교회 안에서 청소년들은 사역의 대상이나 돌봄의 대상으로만 여겨질 때가 많다. 그래서 청소년들의 의견을 듣거나 교회의 중요한 의사결정을 설명하는 일에 소홀할 때가 있을 수 있다. 이번 조사에서 청소년들은 '나는 비민주적인 의사소통 구조와 소통의 부재 때문에 교회를 떠나고자 고민해본 적이 있다'에 높은 점수를 주었다. 청소년들의 입장에서는 자신들의 의견을 충분히 듣지 않는 것처럼 느껴지는 교회의 경직된 의사소통 방식에 불편함을 느낄 수 있다. 교회는 청소년들의 의견을 들을 수 있는 장을 만들기 위해 노력해야 한다. 청소년들이 편안한 마음으로 자기 의견을 마음껏 표현할 수 있는 소통 방식을 연구할 필요가 있다. 청소년들은 메신저, SNS를 통해서 자기를 표현하는 데 익숙하다. 이런 매체들을 통해서 청소년들이 자기 의견을 피력할 수 있는 플랫폼을 교회 자체적으로 구축해 보는 것도 도움이 될 수 있다. 의견을 듣는 것보다 중요한 것은 들은 의견이 실제 교회의 의사결정에 반영되게 하는 것이다. 교회의 중요한 의사결정에 청소년들이 참여하는 것을 기성세대의 입장에서 부담스럽게 느낄 수도 있다. 그렇다면 교회학교에서라도 본인들의 의견을 피력하고 반영할 수 있도록 자치성을 보장해주는 것도 도움이 될 것이다.

교회는 사회적 이슈/공공의 영역에 대한 성경적인 통찰을 제공하기 위해 노력해야 한다. (돈/불평등/입시/약자/양극화VS사역)

#사회적이슈 #공공영역 #성경적원리제시 #열린마음

이번 조사에 참가한 청소년들은 '교회가 사회적 이슈에 민감하게 반응하지 않기 때문에', '교회가 공공의 영역에 관심이 없는 것 같아' 교회를 떠나고자 고민해 본 적이 있다에 높은 점수를 주었다. 이 질문만 가지고는 청소년들이 교회가 주의를 기울이지 않다고 느끼는 사회문제나 공공의 영역이 무엇인지 알 수 없다. 하지만 청소년들도 사회적 이슈에 대해서 그리고 공적 영역에 대하여 교회가 대답해줄 수 있기를 바라고 있다는 것은 확실하다.

구체적인 사안에 대하여 명확한 대답을 해주는 것은 참 어려운 일이다. 다만 청소년들도 관심을 기울이고 있을만한 사회적 문제들(돈, 불평등, 입시, 사회적 약자, 양극화 등)에 대해 성경적 원리를 따라 올바르게 사고하고 판단할 수 있는 힘을 기를 수 있도록 돕는 일은 반드시 필요하다. 이런 주제들에 대해 성경이 무엇을 말하는지에 대한 교육을 실행하고, 교사나 목회자들이 청소년들과 열린 마음으로 대화하거나 토론의 장을 만들어보는 것도 유익할 것이다.

청소년들이 편안한 마음으로 교회에 출석할 수 있는 환경을 조성해주어야 한다.

#할수있는만큼 #기다려주세요 #헌신은기쁨으로

청소년들은 헌신, 헌금, 봉사를 요구하는 교회의 분위기에 힘들어하고 있는 것으로 나타났다. 헌신과 헌금, 봉사는 교회를 운영해 나가기 위해서 꼭 필요한 요소들이다. 그리고 개인의 신앙성장에 있어서도 중요한 부분이다. 청소년들이 힘들어한다고 이런 부분들을 훈련시키지 않을 수는 없다. 하지만 교회는 청소년들이 헌신, 헌금, 봉사를 자발적으로 기쁘게 할 수 있도록 도와줄 필요가 있다. 먼저 교회는 청소년들의 신앙 상태를 유심히 살펴보아야 한다. 신앙의 수준과 성장 정도에 따라 적적하게 헌신할 수 있도록 교회가 이끌어 주어야 한다. 청소년들과의 지속적인 대화를 통해 지금 하고 있는 헌신의 수준이 적절한지 자주 확인하고 조정해주어야 한다.

가치관을 형성하는 청소년 시기에 교회를 어떻게 경험하는지는 앞으로 신앙생활을 계속해가는 데 있어 큰 영향을 끼친다. 청소년들에게 무언가를 요구하기에 앞서, 교회 공동체에 속해 있을 때 편안한 마음을 가질 수 있도록 배려해

주는 것이 필요하다. 헌신과 봉사는 신앙 성장의 중요한 요소이지만 유일한 요소는 아니다. 교회는 헌신과 봉사의 짐은 기성세대가 대신 짊어져 주고, 청소년들은 예배와 신앙교육에 좀 더 집중할 수 있도록 조정해줄 필요가 있다.

청소년들이 사용하는 공간(교육부실, 화장실, 쉴 수 있는 공간)을 여건이 허락하는 한 쾌적하게 조성해주어야 한다.

#교회시설 #편안한공간 #공간재배치 #시설개선

'나는 교회의 시설환경이 낙후되어 교회를 떠나고자 고민해본 적이 있다'는 질문에 대한 점수가 굉장히 높게 나왔다. 청소년들이 평일에 사용하는 주거, 여가, 교육 시설이 경제성장과 함께 대단히 발전했기 때문에 오래되거나 잘 정비되지 않은 교회 시설이 힘들게 느껴졌을 수 있다. 이것은 교회 입장에서 쉽게 해결할 수 없는 문제이다. 충분한 예산과 규모를 가진 교회들에게는 어려운 일이 아닐지 모른다. 그러나 지금 있는 예배 공간을 유지하기도 벅찬 중소 규모의 교회들은 더 이상 시설환경에 투자할 여력이 없기 때문에 청소년들의 이런 고민들이 부담스럽게 여겨질 수 있다. 많은 청소년들이 부모님의 권유로 교회에 매주 출석하지만 편안하게 있을 수 있는 공간이 없어 어려움을 겪는다. 그리고 어른들의 시선과 간섭 때문에 교회에 오는 것 자체를 부담스러워 하는 경우도 있다. 청소년들이 예배 시간을 제외하고 편안하게 쉬고 놀 수 있는 공간과 편의시설을 적극적으로 조성해줄 필요가 있다. 청소년들이 원하는 눈높이의 시설을 당장 확충할 수 없다면 기존에 있던 공간을 재배치하거나 최소한의 시설을 개선해서 청소년들이 쉬거나 편안하게 사용할 수 있는 공간을 만들어주는 것도 대안이 될 수 있다

4. 청소년의 교회 만족도 관련 사역 방향

청소년들의 교회에 대한 불만을 해소하라.

#교회에 대한 불만족 #1:1대화

데이터의 결과는 청소년들의 교회에 대한 인식이 좋지 않게 나타났다. 교회에 출석하고 있지만 그들의 마음에는 불만으로 가득함을 확인할 수 있었다. 지금 다니는 교회에 만족하냐는 질문에 1.5점대의 결과가 나왔다. 전혀 만족하지 못하고 있는 것이다. 지역과 상관없이, 어떤 교회에 속하였는지와 관계 없이 청소년들은 교회에 만족하지 못하고 있다. 다양한 이유로 교회에 대한 불만이 나타나고 있다. 한국교회의 전반적인 분위기에 대한 불만이기도 하다. 이런 분위기를 바꾸는 것은 개인적인 만남을 통해 살피고 설명하는 것이 효과적이다. 한 사람 한 사람을 살피며 그들에게 자리한 교회에 대한 인식과 만족도를 점검하고 필요한 부분은 설명하는 시간을 가지면 좋겠다. 1:1 대화시간을 꼭 가져보라. 교회 시설, 사회 이슈에 대한 교회의 태도, 봉사 강요등 다양한 방면에서 그들의 생각을 점검해보고, 해결하기 위한 노력을 기울여 보자.

중학생을 잡아라!

#환영회 #놀이터

청소년들이 자랄수록 점점 교회에 대한 만족도가 떨어지고 있다. 모든 문항에서 고등학생이 중학생보다 만족도가 떨어지는 것으로 나타났다. 학업을 해나갈수록 교회에 대한 불만이 생기는 것이다. 세상에 대한 접촉이 클수록 불만이 쌓이는 것으로 보인다. 이는 청소년들이 세상의 관점을 가지기 전에 교회에 대한 신뢰와 바른 관점을 가지게 하는 것이 필요함을 보여준다. 중학생때 교회와의 접촉점을 늘리고 좋은 관계를 이루는 것이 필요하다. 더 늦기 전에 적극적으로 중학생을 붙잡기 위한 노력을 기울여야 한다. 그들에게 초점을 맞춰 교육 커리큘럼을 만들고, 그들의 마음을 잡기 위해 노력해야 한다.

중학생들이 교회에 머물 수 있는 시간이 많도록 장을 만들자. 교회를 놀이터로 만들고 공부하는 장소로 만들자. 제자 훈련과 같은 프로그램을 통해 접촉점을 늘리자. 중학생 시절에 교회에 대한 좋은 인식을 가지고 교회에서 보내는 시간이 자연스러울 수 있게 하자.

신앙생활은 할래요! 그런데 교회는 싫어요.

#교회의 위치 #대체불가 #공동체 #SFC 수련회

청소년들이 교회를 싫어하는 정도는 신앙생활의 중요성을 인식하는 것보다 큰 것으로 나타난다. 신앙생활을 해야 한다는 마음이 있어도 그것을 교회를 통해 해야 한다고 생각하지 않는 것이다. 신앙생활과 교회를 분리할 수 없음에도 분리하고, 교회가 아닌 다른 것을 통해 공급받을 수 있다고 생각하는 것이다. 이런 이들에게 교회가 어떤 의미인지 가르칠 필요가 있다. 교회는 예수님께서 세우신 유일한 기관이며, 교회를 통해서 하늘의 것을 공급받을 수 있다는 사실을 인식하게 해야 한다. 공동체로 부르신 의미도 깨닫게 해야 한다. 신앙생활은 교회 공동체 밖에서 이뤄질 수 없다. 공동체로 모여 함께 말씀을 듣고, 함께 교제하는 시간이 우리를 그리스도인으로 자라게 하는 것이다.

신앙생활과 교회의 연결점을 가르치기에 SFC수련회는 큰 장점이 있다. SFC 수련회는 다른 수련회와 달리 교회를 가르치며, 공동체 의식을 강조한다. SFC 수련회의 조별 모임은 공동체로 하나님을 만나는 것이 어떤 의미인지 경험하게 한다. 이런 점에서 SFC수련회를 활용할 수 있다.

5. 청소년의 교회 내 관계성 개선 사역 방향

목회자들의 신뢰성을 회복하자

#MZ에게 #차단당한 목회자 #도덕성상실_MZ #존중_이해_배려 #목회자들의_일관된 행동

학교급별 집단 간 차이 분석표 내 문항에서 청소년들은 교회 목회자들을 신뢰하지 않는다라고 응답했다. 매 주일 한 시간 정도 예배에 참여해 목회자와 만나지만 그 만남의 횟수와 빈도를 생각해본다면 이 조사결과는 목회자들에게 큰 충격을 준다. 짧은 시간과 제한된 만남의 횟수를 생각한다면 어쩌면 당연한 결과일 것이다. 그러나 그 짧은 시간과 만남 속에서 목회자는 청소년들에게 신뢰를 얻어야 한다. 그들을 이해하고 존중하는 일에 힘써야 한다. 주어진 짧은 시간과 만남 속에 정기적인 대화를 통하여 그들의 관심사나 고민에 귀 기울이고, 의견을 존중하며 그들을 이해하기 위해 노력해야 한다. 또한 목회자들의 일관된 행동과 가치를 보여주어 목회자를 더 신뢰하게 해야 한다.

삶을 나눌 수 있는 멘토를 만들어 주자

#진정한 우정 #교회 내 찐친

청소년과 목회자가 서로 함께 삶을 공유하는 멘토가 될 수 있다면 얼마나 아름다운 모습일까. 그들은 자신의 삶과 미래에 대해 많은 고민을 하고 있을 텐데, 그들에게 조언과 지도를 할 수 있다면 얼마나 멋진 일일까! 청소년과 목회자들에게 필요한 멘토링은 서로 다를 수 있다. 그러나 공통적으로 이들이 마음을 열고 솔직하게 이야기할 수 있는 환경을 제공해 주는 것이 중요하다. 청소년들에게 신뢰를 바탕으로 진정한 우정을 나누는 친구는 몇 명 되지 않는다. 그저 그 친구를 이용할 뿐이다. 놀때는 서로 놀지만 다른 일이 발생하면 원수보다 못한 말과 행동을 한다. 이런 상황에서 나이 차이가 나지만 목회자들이 진심으로 그들에게 다가가 소통함으로써 신뢰에 기반한 관계가 될 수 있도록 노력해야 한다. 청소년들에게 멘토로서 가장 중요한 것은 그들의 성장과 발전을 돕는 데 있다. 청소년들에게는 자아발견과 미래에 대한 비전을 찾도록 도와주고, 목회자들에게는 지속적인 섬김과 신앙생활의 균형을 유지하는 방법을 함께 고민하고 나누는 것이 좋을 것 같다.

교회 공동체의 소속감을 가질 수 있도록 하자

#소외감 #그룹 활동 참여 유도_역할부여 #청소년만의 소그룹 모임

청소년들은 일상생활에서 친구나 사회적인 관계를 형성하는 데 많은 어려움을 겪고 있다. 이런 어려움으로 인해 그들은 소외감을 느끼며 가정이나 학교에서의 대인관계, 사회적 불안, 대인관계에서의 자신감 부족 등의 문제를 보인다. 이런 현상들은 청소년의 단일한 이유가 아닌 다양한 요인의 결합으로 발생될 수 있다. 이런 요인들을 해결하기 위해 개별적인 상황과 필요를 맞춰 이해와 지원을 통해 그들이 사회적으로 성장하고 발전할 수 있도록 도와야 한다. 청소년들에게 그룹 활동에 참여하도록 유도해 보자. 교회행사, 예배, 소그룹 모임 등에 적극적으로 참여할 수 있도록 유도해야 한다. 교회 공동체 속에서 할 수 있는 예배 섬김이나, 교회 안에서 그들만을 위한 소그룹을 만들어 서로 교류하고 자신들끼리의 소속감을 형성할 수 있는 기회를 제공하는 것도 좋을 것이다.

참된 스승이 되어주라!

#사라진 스승 #예의_열린마음 #공감_이해 #롤 모델되기

청소년들에게는 학부모는 있지만 부모는 없다. 공부에 대해 가르치는 지식적 전달자인 선생은 있지만 스승은 없다. 어릴 때부터 이렇게 방치 아닌 방치로 자라온 결과, 청소년들은 어른을 등지게 되었다. 이제 와서 그들을 책임진다고 하면 당연히 그들은 어른을 거부할 것이다. 어른들에 대한 상처와 불신이 가득하기 때문이다. 어른들에 대한 불신이 있는 청소년들에게 예의와 열린 마음을 가질 수 있어야 한다. 특별히 청소년들과 대화할 때 존중과 예의를 지키는 것이 중요하다. 그들 또한 하나의 인격체이기 때문이다. 섣불리 나이가 어리다고 해서 함부로 대해서는 안 된다. 그리고 그들이 제시하는 새로운 아이디어나 관점에 열린 마음을 가지고 받아들이는 것 또한 좋은 자세이다. 청소년들과의 공감과 이해는 그들과의 관계를 형성하고 서로를 이해하는 데 매우 중요한 역할을 한다. 특히 청소년들의 성장과정은 매우 다양하고 복잡하기 때문에 그들을 이해하고 공감하는 것은 굉장히 중요하다. 청소년의 시점에서 이해하고, 진심으로 그들을 이해하며 그들의 이야기와 감정에 진심으로 관심을 갖는 것 또한 중요하다. 청소년들은 자신이 닮고 싶은 롤 모델을 찾고 싶어한다. 연예인이나 저 멀리 동떨어진 롤 모델이 아닌 가장 가까운 곳에서 닮고 싶어 하는 롤 모델이 되어 보자! 그러기 위해서는 먼저 목회자들이 윤리적이고 긍정적인 행동, 그리고 책임감 있는 행동을 보여주어야 한다. 또한 자신의 성장 과정과 발전 과정을 공유하는 것도 좋을 것이다. 그것은 성공과 실패, 어려움을 극복한 경험 등을 이야기함으로써 청소년들에게 동기부여를 주고 격려할 수 있기 때문이다.

6. 청소년의 교회 내 교육활동 관련 사역 방향

교회는 청소년들을 대상으로 한 본질적 교육(성경,교리,성례)을 강화해야 한다.

#교회교육 #성경 #교리

교회교육의 핵심은 성경과 교리를 가르치는 것이라고 할 수 있다. 성경은 하나님의 말씀이고 교리는 성경의 내용을 요약한 것이기 때문이다. 하지만 이번 조사에서는 많은 청소년들이 성경과 교리에 대한 교육을 받은 적이 없다고 대답했다. 청소년들이 어떤 맥락에서 이런 응답을 한 것인지 정확하게 알 수는 없다. 교회가 청소년들에게 성경과 교리를 아예 가르치지 않을 리는 없기 때문이다. 청소년들이 설교를 통해서 성경과 교리를 가르치는 것을 '교육' 받는 것으로 인지하지 못했을 수도 있다. 하지만 한 가지 확실한 것은 다른 주제에 대한 교육은 받았다고 대답한 청소년들이 성경과 교리에 대한 교육은 제대로 받지 못했다고 느끼고 있다는 것이다. 성경과 교리교육이 부족한 상황에서 청소년들이 장성한 그리스도인으로 성장하는 것을 기대할 수는 없다. 성경에서 말하는 것처럼 믿음은 들음에서 나고 들음은 말씀으로부터 오는 것이기 때문이다.

왜 청소년들이 성경과 교리교육을 받은 적이 없다고 응답하게 되었는지 교회교육 현장을 점검해야 한다. 그리고 성경과 교리에 대한 본질적 교육을 강화해야 한다. 청소년들에 대한 성경과 교리교육은 목회자의 개인적 역량과 판단에 의존하는 경우가 많다. 하지만 개인의 역량이 아무리 뛰어나다고 해도 충분한 교육효과를 가져올 수 있는 체계를 구축하고 실행하는 데는 한계가 있다. 교회교육 현장에서 청소년들에게 체계적으로 성경과 교리를 교육할 수 있는 커리큘럼이나 교재가 많이 개발되어 공급되어야 한다. 그리고 목회자들이 청소년들에게 성경과 교리를 지속적으로 교육할 수 있는 교회의 지원과 격려도 함께 이뤄져야 한다.

교회는 성례교육을 지속적으로 실시할 필요가 있다.

#성례교육 #은혜의방편 #보이는말씀

'나는 교회에서 성례(세례/성찬)교육을 받은 적이 있다'는 대답은 중/고등학교 청소년들에게 공통적으로 낮은 점수를 받았지만, 고등학교보다 중학교에서 조금 더 높은 점수를 받았다. 보통 교회에서 입교와 세례 문답을 위한 교육을 중학교 과정에서 시행하기 때문에 나타난 차이인 것으로 보인다. 성례 교육이 한 시기(중학교)에만 집중적으로 이뤄지고, 이후 교회교육에서 제대로 다뤄지지 않는 부분은 반성할 필요가 있다. 전통적으로 '성례'는 말씀과 기도와 함께 '은혜의 방편'으로 규정되어 왔다. 따라서 성례는 특정 시기뿐만 아니라 지속적으로 그 의미를 상기시켜 주어야 하는 교회교육의 중요한 주제라고 할 수 있다. 특별히 성례는 '보이는 말씀'으로서, 성례순서의 시각적 요소들의 의미가 중요하기 때문에 반드시 지속적인 교육이 함께 이뤄져야 한다.

청소년들이 '보이는 말씀'인 성례의 중요성을 제대로 인식하고 참여할 수 있도록 교육해야 한다. 일반적인 교회의 스케줄에 따르면 1년에 2-4회 정도만 성례를 직접 눈으로 보고 참여할 수 있다. 공예배에서 성례가 시행되는 주일에 교육부서에서 성례의 의미와 가치에 대해서 알려주는 설교와 교육 프로그램을 마련해 보는 것도 좋은 방법이 될 수 있을 것이다.

교회는 기독교세계관 교육을 강화하여 현실문제에 대한 총체적인 관점을 가지도록 도와야 한다.

#기독교세계관 #총체적안목

이번 조사에서 특이한 점은 본질적 교육(성경, 교리, 성례)에 대한 점수는 낮게 나온 반면, 실용적 주제(성교육, 연애, 결혼, 경제교육 등)에 대한 점수는 3점 수준에서 상대적으로 높게 나왔다는 것이다. 교회가 청소년들의 실제적인 고민에 관심을 가지고 있고 여기에 대해 성경적 대답을 내놓기 위해 노력하고 있다는 것은 높이 평가할 만하다. 청소년들은 뉴미디어에 상상 이상으로 많이 노출되고 있다. 청소년들의 가치관이 형성되는 데 있어 이런 미디어가 미치는 영향이 굉장히 크다는 것은 공공연한 사실이다. 청소년들은 실용적인 문제에 대한 관점을 학교교육이나 기성세대의 조언보다 미디어를 통해 먼저 접하고 형성하고 있다. 이런 상황 속에서 교회는 청소년들의 실제적 고민에 대한 교육을 지금보다 더 적극적으로 시행할 필요가 있다.

하지만 이런 주제들에 대한 교육을 더 효과적으로 지속하기 위해서는 '기독교세계관' 교육이 함께 이뤄져야 한다. 청소년들이 기독교세계관을 가지고 현실의 문제에 대하여 스스로 판단할 수 있는 총체적인 안목을 먼저 길러주어야 하기 때문이다. 그렇게 할 수 있다면 뉴미디어를 통해서 세속적인 가치관에 노출된다고 할지라도 스스로 판단하고 걸러낼 수 있는 힘을 가지게 될 것이다.

교회들이 다양한 주제로 신앙교육을 할 수 있도록, 체계적인 커리큘럼이 개발되어야 한다.(초신자가 장성한 분량에 이르도록 커리 만들기)

#커리큘럼 #신앙교육교재

이번 조사에서 교회 내 교육활동에 대한 인식은 전반적으로 평균(3점)을 밑도는 수준에서 나타났다. 앞서도 살펴보았지만, 본질적 교육에 대한 점수는 낮고 실용적 주제에 대한 점수는 상대적으로 높다. 이 결과는 청소년들이 마주하게 될 현실적인 문제들을 교육하는 일에 교회들이 관심을 기울이고 있다는 것을 보여준다. 그런데 시중에 유통되는 교단이나 청소년 사역단체의 신앙교육 교재들은 성경에 대한 통시적인 관점(하나님나라, 구속사)을 형성하는 데 도움을 주는 것들이 대부분이다. 이런 교재들과 함께 사용하거나 다음 단계로 활용할 수 있는 신앙교육 교재가 필요하다. 특별히 그 내용은 빠르게 변화하는 세상 속에서 교회와 청소년들의 요구를 충분히 수용할 수 있어야 할 것이다.

신앙교육 교재들이 종이, 책으로만 제작되고 있는 것에 대해서도 고민이 필요하다. 책으로 출판하게 되면 비용과 보급의 문제로 개정이 어렵다. 그런데 청소년들이 마주하게 되는 현실적인 문제들은 너무 다양하고 자주 변화한다. 언제든지 수정할 수 있고 어디서든지 새롭게 다운로드 받을 수 있는 디지털 매체로의 변화도 고민해볼 필요가 있다.

7. 청소년의 교회교육 주제 요구도 관련 사역방향

청소년 사역의 목표는 세상을 주도하는 그리스도인이 되어야 한다.

#성경적_리더십 #전도와_선교 #신앙양육_프로그램 #인내의_사역

청소년의 소리에 귀를 기울이자. 그들이 요구하는 바가 무엇일까? 공통적으로 '성경적 리더십 강화', '전도와 선교교육', '신앙 양육 프로그램'을 말하고 있다. 세 가지의 공통점은 세상에서 그리스도인으로 살고 싶은 청소년들의 마음이다. 비록 지금은 그렇게 살고 있진 않지만 그렇게 살아야겠다는 마음은 있고 중요성도 인식하고 있다. 교회는 긴 안목과 긴 숨으로 청소년들이 세상에서 그리스도인으로 살아갈 수 있도록 기대감을 가져야 한다. 청소년은 자라가는 시기임을 기억하며 지금 되지 않는다고 해서 포기하지 않고 계속해서 시도해야 한다. 우리의 목표는 교회 내 그리스도인이 아닌 세상에서 승리하는 그리스도인이다.

리더는 고딩들이 하고 중딩은 배워야 해요

#고등학생_리더십 #중학생_성경의_맥을_잡아라

중학생의 요구는 무엇일까? 중학생의 경우 '성경을 가르쳐 주세요'라고 요구한다. 반면 고등학생의 경우는 성경교육 대신 '성경적 리더십'이 필요하다고 반응한다. 연령에 따라 요구가 다름을 알 수 있다. 중학생의 경우 성경의 근본이 필요하다. 성경이 어떤 흐름으로 이어지는지 맥락을 잡아 주면서 큰 그림을 그려주는 성경교육을 하면 성경을 배우는 재미가 클 것이다. 고등학생의 경우는 공동체 및 상호 관계성 속에서 리더십에 대한 관심이 높았다. 또한 이들은 세상

문화에도 직접적으로 닿아 있기 때문에 세상에서 어떤 가치로 살아야 할 것인지에 대해 고민이 많을 것이다. 이들을 위해 '십계명'을 가르쳐 보라. 세상에서 어떤 가치관으로 살아야 할 것인지 분명하고 세밀하게 가르칠 수 있을 것이다.

성경적 진로교육을 수행하라

#부르심 #정체성 #무엇으로_먹고_살까 #어떻게_영광을_돌릴까

고등학생들의 요구도 조사를 살펴보면 '성경적 진로교육'에 대한 요구가 있다. 미래에도 중요하고 현재 잘 이루어지지 않는 교육 중 하나로 지목한다. 세상의 관점으로 진로를 지도하거나 대안을 제시하는 경향이 많으나 성경적으로 진로를 어떻게 선택해야 하는지에 대해 구체적으로 배우지 못하고 어떻게 가르쳐야 할지도 모른다. 진로지도의 핵심은 '정체성'과 '부르심'이다. 청소년들에게 하나님의 사람됨을 확실하게 가르치고 하나님 앞에서 자신을 볼 수 있도록 지도해야 한다. 직업선택은 그 다음 나의 관심사와 그것에 대한 분명한 목적을 심어주는 것이 중요하다. 하나님은 우리가 어떤 직업으로 먹고사는지 관심이 없으시다. 어떤 직업으로 '하나님께 영광 돌리느냐'에 관심이 있으시다. 이 점을 확실히 가르치고 응원해 줄 수 있길 바란다.

고딩은 동상이몽 중

#가정교육의_중요성 #자녀는_부모를_닮는다

고등학생들의 요구도 조사에서 원하는 바 중 하나가 '성경적 가정교육'이다. 왜 이들이 가정교육에 관심을 가질까? 신앙에 가장 영향을 주는 사람에 있어 코로나 때나 코로나 이후나 부모가 1위를 차지하고 있다. 그만큼 부모의 영향이 크다는 뜻이다. 부모에게 자녀는 영향을 받는다. 그것이 긍정적이든 부정적이든 다 받는다. 고등학생들의 가정교육에 대한 요구는 참 좋은 가정에 영향을 받아 그 중요성을 깨닫고 배우고 싶어 하는 부류가 있는 반면, 힘든 가정, 깨어진 가정에서 발버둥치는 의미에서 가정교육을 요구할 수도 있다. 교회는 가정의 영향이 얼마나 큰지 인식하고 신앙으로 잘 세워지도록 부모와 자녀, 교사가 협력해야 한다. 또한 깨어진 가정에 있는 청소년들을 돌아보고 기도해야 한다.

8. 청소년의 교회 관련 고민 사역 방향

청소년들에게 기도의 시간을 확보하게 하라!

#카톡대신 기도 #뜨거운 기도의 모닥불

본 연구에서 '나는 기도시간을 가지고 있다'는 문항에 청소년들은 중학교 2.226, 고등학교 2.213, 기타 2.148의 응답을 보였다. 이는 그렇다(2.5)의 수치보다 떨어지는 결과로, 부정적인 응답(그렇지 않다, 전혀 그렇지 않다)이 더 많았다는 것을 의미한다. 반면 청소년들은 교회교육 주제 요구도(전체)에서 미래중요도 1위가 기도로 나타났다. 미래에 가장 중요한 것은 기도라고 생각한다는 것인데, 청소년들의 생각과 다르게 현재 청소년들은 기도하지 않는다는 것이다.

청소년들이 중요하게 생각하는 이 기도의 측면을 개발시켜줄 필요가 있다. 유투브 쇼츠로 대표되는 짧은 글, 자극적인 영상으로 인해 도파민 중독(도파민 중독은 일종의 신경화학적인 상태로, 뇌 내에서 발생하는 화학 물질인 도파민이 지나치게 높은 수준으로 증가함에 따라 발생하는 상태를 가리킨다.) 현상이 다분한 청소년 세대들에게 조용한 곳에서 혼자 하나님께 기도드리는 것은 어려운 일이다. 하지만 하나님께 기도드리는 노력을 할 때 자연스레 집중력, 자기조절 능력뿐만 아니라 하나님과 가까워지는 가장 최고의 결과를 낳게 될 것이다.

신앙은 혼자가 아니라 함께 일 때 아름다운 열매를 맺는다.

#교회의 머리는 예수님 #교회는 그의 몸

본 연구에서 청소년들은 '나는 교회 공동체에 참석하고 있다'는 문항에 중학교 1.730, 고등학교 1.577, 기타 1.889의 응답을 보였다. 이는 청소년의 교회 신앙생활 인식 중 여러 항목에서도 낮은 수치이다. 교회는 함께 지어져가는 공동체(엡2:22)라 이야기하지만, 실상 청소년들은 교회 공동체에 참석하지 않고 있다는 것이다. 이를 위해 청소년들이 예배에만 들렀다 가는 것이 아닌 교회에 속할 수 있는 대처방안이 필요하다. 첫 번째로 청소년들이 함께하는 소그룹 모임을 강화해야 한다. 여러 교회들마다 사정이 다르겠지만, 중고등부 예배의 반별모임 시간이 없거나 있어도 교사와 학생들 간의 대화가 일방적이지는 않은지 돌아봐야 한다. 청소년들이 매주 교회는 오면서도 교회 공동체에 적응하지 못하는 경우를 막기 위해 소그룹 모임을 자주, 많이 만들어 교회 공동체 안에 속할 수 있도록 해야 한다. 그것도 어렵다면, 첫 단추로 임원들의 학생자발을 강화해야 한다. 임원들끼리 스스로 중고등부 행사를 기획하고, 진행하는 것이다. 그렇게 서로 공동체를 형성하고 자연스레 임원 공동체에서 중고등부 공동체로 확장될 수 있다. 그렇게 학생을 위한 사역이 아니라 학생에 의한 사역으로 전환하는 것이다.

다음세대가 우리 교회의 주인공이 되게 하라.

#너희가 진짜 주인공! #다음세대라고 다음으로 미루지 말자

“청소년의 교회 신앙생활 인식” 부분에서 가장 눈여겨 볼 만한 응답은 ‘나는 10년 후에도 신앙생활을 하고 있을 것 같다’이다. 이 문항의 응답은 중학교 1.604, 고등학교 1.577, 기타 1.444로 가장 낮은 수치를 기록했다. 현재의 문제보다 미래에 대한 청소년의 인식이 더욱 안타까운 실정이다. 이 문제를 극복하기 위해 지금부터 다음세대들에게 온 교회가 관심을 집중해야 한다. 예를 들어 다음세대들을 위해 기도해주기 위해 예배당 각 좌석마다 청소년들의 얼굴과 이름들을 한명 씩 붙여놓고 떠올리며 기도해주기도 좋은 대안이 될 것이다. 다음세대들과 더 친밀한 관계가 되기 위해 구역(목장)모임에 청소년들도 함께 나가는 날 만들기, 혹은 청소년 반 모임에 멘토 구역(목장)모임 배정해 교제하기, 교사 구역(목장)모임에 초대하기 등으로 세대와 세대를 잇는 교회가 되기를 꿈꿔보는 것도 좋은 기회가 될 것이라 기대한다.

목사님~ 저 세례, 입교 꼭! 받고 싶어요!

#세례받기번호표 #난이제정식교인 #세례인증샷!

청소년의 교회 신앙생활 인식 조사에 따르면, 청소년들은 앞으로 세례 및 입교할 의향이 있느냐는 질문에 부정적으로 인식하고 있음을 확인할 수 있다. 이는 청소년들에게 세례와 입교에 대한 교육이 미비했음은 물론, 세례의 중요성이나 입교의 의미에 대해서도 잘 가르치지 않았음을 보여준다. 그렇기에 교회는 청소년들에게 세례와 입교에 대한 바른 교육을 통해 세례와 입교를 기대하게 하고 빠른 시일 내에 참여하도록 교육해야 한다. 특별히 세례식이나 입교식은 평생 단 한 번의 예식이므로 평생 기억에 남는 이벤트를 준비해서 축하해주는 것도 필요하겠다. 동시에 이 축하하는 이벤트는 세례와 입교를 사모하는 데 도움이 될 것이다.

청소년들의 공예배에 참석하도록 돕는다.

#함께드리는기도 #함께듣는말씀 #함께부르는찬양

청소년의 교회 신앙생활 인식 조사 중에서 대부분의 청소년들이 공예배에 참석하지 않는 것으로 나타났다. 이는 한 말씀으로 하나 되는 교회 공동체를 경험하지 못하는 결과를 초래하고 교회 내 세대 간의 단절을 야기할 수 있다. 그렇기에 비록 청소년이라 하더라도 함께 기도하고 찬양하고 말씀을 듣는 공예배의 자리에 나오도록 인도해야 한다. 이를 위해 청소년들이 부담감 없이 공예배에 나올 수 있도록 교회의 배려가 필요하다. 예를 들면, 청소년이라고 무조건 앞자리에 앉힌다든지 예배태도에 대해 과도하게 지적하는 일은 삼가야 할 것이다. 장년들뿐 아니라 청소년들도 교회의 일원으로서 공예배에 나와 함께 은혜받고 말씀 앞에 자신을 드릴 수 있기를 바란다.

아는 것을 사는 것으로 증명하라!

#앎&삶 #믿음증명

청소년의 교회 신앙생활 인식에 따르면, 신앙생활을 실천하기 위해 노력하느냐는 질문에 노력하지 않는다고 답했다. 이는 교회에서 배우는 신앙생활이 삶의 모습에서 잘 나타나지 않는다는 것을 의미한다. 그렇기에 교회는 이들의 신앙생활에서 믿음과 삶이 일치하도록 도와야 한다. 교회에서 배운 대로 학교와 세상 가운데 살아갈 수 있도록 지속적인 격려와 에너지를 공급해줘야 한다. 좋은 대안으로는 친구들이나 또래 집단들을 묶어줘서 함께 노력할 수 있는 힘이 생길 수 있게 하는 것이다. 특별히 학교 안에서 활동하는 Teen-SFC와 함께 한다면 학교 안에서도 신앙생활을 실천할 수 있는 동력을 얻게 될 것이다.

헌금에 대한 성숙한 태도를 교육하라.

#헌금_믿음의고백 #드림으로채우는은혜

"청소년의 교회 신앙생활 인식"에 보면 청소년의 헌금생활에 대한 흥미로운 부분이 나온다. 청소년들에게 헌금생활을 하느냐는 질문에 모든 학교급에서 하지 않는다고 답하였다. 이는 성도의 의무이면서 믿음의 고백인 헌금에 대해 청소년들은 올바른 이해를 가지고 있지 못함을 보여준다. 그렇기에 교회는 헌금에 대한 성숙한 태도를 가르치고 교육해야 할 필요가 있다. 그렇다고 헌금에 대해 지나치게 강압적으로 가르칠 경우 오히려 부정적인 결과를 초래할 수 있으므로 지혜롭고 성경적으로 교육해야 할 것이다. 헌금을 통해 믿음을 고백하고 하나님이 삶의 주인 되심을 온전히 고백하는 청소년들이 많아지길 기대한다.

9. 기타 사역 방향

청소년 사역 안팎의 개혁이 필요하다.

#꼰대 #멘토 #교회이미지 #교회됨

청소년이 교회의 성장에 저해되는 요인으로 1위가 교회의 부정적 인식, 2위가 개인적 요인이라고 답변했다. 교회의 부정적 인식은 여러 요인이 있겠지만 개인의 문제라기보다는 전체 이미지이다. 청소년을 넘어 교회 어른들은 교회의 이미지 쇄신을 위해 노력해야 한다. 청소년의 입장에서 교회는 '꼰대'라고 여기는 부분들을 잘 이해할 필요가 있다. 반면 청소년 개인은 자신에게 있는 교회의 성장을 저해하는 요인들에 대해 치열하게 싸워갈 필요가 있다. 죄에 대해 회개하고 미성숙한 부분에 있어서 도움을 청하는 겸손함이 필요하다. 상담자, 멘토, 신앙의 선배들에게 의지하며 자라가야 함을 깨달아야 한다. 청소년은 '꼰대'의 한마디에 귀 기울이며 교회됨을 이루어 가야 한다.

선교단체의 성장! 개인을 노려라!

#초개인화시대 #복음에_미친_청소년 #학원복음화

청소년들은 선교단체(SFC) 활동에 대해 부정적이다. 성장이 안되는 요인으로 '학생 개인의 요인', '흥미없음'으로 나타났다. 이는 Z-A세대의 강한 특징으로 초개인화 세대를 잘 나타내 보이고 있다. 개인의 특성이 강한 세대인 반면 개인의 특성을 잘 인정해 주는 세대가 Z-A세대이다. 또한 한번 빠지면 끝까지, 깊이 있게 파고드는 성향을 가진 세대이다. 만약 어느 한 친구가 복음에 빠져들었다고 생각해보자. 누구의 눈치도 보지 않고 복음을 전하고 다니고 학교에서 기도모임을 가진다면 개인으로부터 부흥이 시작될 것이다. 실제로 현재 학교 내에서 기도모임(모닥불기도회)을 일으키는 사람은 한 사람으로부터 시작된다.

무기력한 세대, 교회생활이 기력이 되게 하라!

#만족하지_못하는_삶 #필요_갈증_갈망 #복음으로_채우라

청소년들의 삶의 영역별 만족도 조사를 진행했다. 개인 삶, 교회생활, 신앙생활, 학교생활, SFC에 대해 물었더니 5점 중 1, 2점으로 '만족하지 못함', '매우 만족하지 못함'으로 나타났다. 그중에서 미묘하게 '교회생활'의 만족도가 더 낮은 수치를 기록하지만 유의미하진 않다.

그렇다면 무엇에 만족하며 살까? 개인, 신앙, 학교에서 만족하지 못하고 다른 것에 만족하려고 구걸하고 다니는 중독적인 세대가 청소년이라 볼 수 있다. 중독은 갈증을 낳고 필요를 요구한다. 교회는 텅 비어있는 그들의 삶을 채워줘야 한다. 청소년들의 취미생활의 패턴을 교회에서도 할 수 있도록 기획해 보자. 교회에서 잘 노는 것도 중요한 사역이다.

부록

설문지

※ 다음은 귀하의 개인배경에 대한 질문입니다.
귀하에게 해당되는 번호 옆 빈칸에 V 표시를 해주시기 바랍니다.

1. 귀하의 성별은?

__① 남자 __② 여자

2. 귀하가 다니는 학교의 소재지는?

__① 서울 __② 부산 __③ 대구 __④ 인천 __⑤ 광주
__⑥ 대전 __⑦ 울산 __⑧ 경기 __⑨ 강원 __⑩ 충북
__⑪ 충남(세종) __⑫ 전북 __⑬ 전남 __⑭ 경북 __⑮ 경남
__⑯ 제주

3. 귀하의 학교급은?

__① 중학교 __② 고등학교 __③기타(홈스쿨링 또는 대안학교 등)

4. 귀하의 학년은?

__① 1학년 __② 2학년 __③ 3학년

5. 귀하의 나이는? ( )

6. 귀하가 교회에 출석한지는 몇 년 정도 됩니까?

__① 1년 미만 __② 1년~3년 미만 __③ 3년~5년 미만
__④ 5년~10년 미만 __⑤ 10년 이상

7. 귀하가 출석하는 교회의 전체 인원은 몇 명 정도 됩니까?

___① 50명 미만 ___② 50명~150명 미만 ___③ 150명~300명 미만

___④ 300명~600명 미만 ___⑤ 600명 이상~600명 미만 ___⑥ 1000명 이상

8. 귀하가 출석하는 교회 청소년부의 인원은 몇 명 정도 됩니까?

___① 10명 미만 ___② 10명~30명 미만 ___③ 30명~50명 미만

___④ 50명~100명 미만 ___⑤ 100명 이상

9. 귀하의 신력은?

___① 원입(새신자) ___② 학습 ___③ 세례 ___④ 유아세례-입교

※ 다음은 교회와 삶에 관한 질문입니다.
귀하의 생각과 가장 가까운 번호 옆 빈칸에 ∨ 표시를 해주시기 바랍니다.

항목	매우 그렇다	그렇다	보통이다	그렇지 않다	전혀 그렇지 않다
교회는 나의 학교생활에 영향을 준다	⑤	④	③	②	①
교회는 나의 부모관계에 영향을 준다	⑤	④	③	②	①
교회는 나의 교우관계에 영향을 준다	⑤	④	③	②	①
교회는 나의 진로결정에 영향을 준다	⑤	④	③	②	①
교회는 나의 신앙생활에 영향을 준다	⑤	④	③	②	①
교회는 나의 성경공부 흥미를 자극한다	⑤	④	③	②	①
교회는 내가 정통적인 교리를 이해하는 데 도움을 준다	⑤	④	③	②	①

※ 다음은 <u>청소년의 교회교육상황</u>에 관한 질문입니다.
귀하의 생각과 가장 가까운 번호 옆 빈칸에 ∨ 표시를 해주시기 바랍니다.

항목	매우 그렇다	그렇다	보통이다	그렇지 않다	전혀 그렇지 않다
교회는 충분한 시간을 가지고 성경공부를 진행한다	⑤	④	③	②	①
교회는 학생들에게 도전감을 갖도록 학습 활동을 진행한다	⑤	④	③	②	①
교회는 학생들의 특성(요구, 적성, 재능, 학습 스타일)을 고려하여 교육활동을 진행한다	⑤	④	③	②	①
교회는 학생들의 성경 및 신앙질문을 적극적으로 수용한다	⑤	④	③	②	①
교회는 성경공부 주제 개념을 설명하기 위해 예와 보기를 든다	⑤	④	③	②	①
교회학교 교사는 교재 내용을 이해하기 쉽고 명쾌하게 설명한다	⑤	④	③	②	①
교회학교 교사는 주제의 특성을 고려한 적절한 수업 방법(수업 자료 및 시설)을 활용한다	⑤	④	③	②	①
교회는 학생들의 학습 내용 이해 정도를 점검한다	⑤	④	③	②	①
교회는 학생들의 수준에 맞게 성경 수업의 난이도를 조절한다	⑤	④	③	②	①
교회학교 교사는 성경 공부가 끝나는 시점에 요점을 반복해주고 요약해 준다	⑤	④	③	②	①
교회학교 교사는 성경공부 준비를 충분하게 하시어 수업에 임하신다	⑤	④	③	②	①
교회학교 교사는 성경공부 주제와 관련하여 충분한 지식을 가지고 계신다	⑤	④	③	②	①

※ 다음은 청소년의 교회 만족도에 관한 질문입니다.
귀하의 생각과 가장 가까운 번호 옆 빈칸에 ∨ 표시를 해주시기 바랍니다.

항목	매우 그렇다	그렇다	보통이다	그렇지 않다	전혀 그렇지 않다
나는 지금 다니는 교회에 만족하는 편이다.	⑤	④	③	②	①
나의 교회는 나의 신앙생활에 도움을 준다.	⑤	④	③	②	①
나는 나의 교회를 친구에게 소개해주고 싶다.	⑤	④	③	②	①
나는 교회가 내 삶의 많은 부분을 차지한다고 생각한다.	⑤	④	③	②	①
나는 나의 교회에서 신앙생활을 계속하고 싶다.	⑤	④	③	②	①
나는 나의 교회에 대해서 만족한다.	⑤	④	③	②	①
나의 친구들은 교회를 긍정적으로 생각하는 편이다.	⑤	④	③	②	①
나의 친구들은 교회에 관심이 있다.	⑤	④	③	②	①
나는 친구들에게 교회에 대해 이야기 해본 적이 있다.	⑤	④	③	②	①
나는 친구들에게 그리스도인이라고 이야기하는 편이다.	⑤	④	③	②	①
나는 학교 급식 시간에 식사 기도를 한다.	⑤	④	③	②	①
나는 학교에서 그리스도인으로 살아가기 위해 노력하려고 한다.	⑤	④	③	②	①

※ 다음은 청소년의 교회 내 관계에 관한 질문입니다.
귀하의 생각과 가장 가까운 번호 옆 빈칸에 ∨ 표시를 해주시기 바랍니다.

항목	매우 그렇다	그렇다	보통이다	그렇지 않다	전혀 그렇지 않다
나는 교회 내 성도들에게 개인적으로 관심을 받고 있다(개인 연락, 문자 등)	⑤	④	③	②	①

나는 교회 내 성도들에게 공동체적으로 관심을 받고 있다(교회 장학금 등)	⑤	④	③	②	①
나는 교회의 목회자들을 신뢰한다.	⑤	④	③	②	①
나는 교회의 성도들을 신뢰한다.	⑤	④	③	②	①
나는 교회의 교사(주일학교 선생님)를 신뢰한다.	⑤	④	③	②	①
나는 교회에서 소속감을 느끼고 있다.	⑤	④	③	②	①
나는 나의 고민을 교회 지체들과 나눌 수 있다.	⑤	④	③	②	①
나는 나의 진로에 대하여 교회 지체들과 이야기를 할 수 있다.	⑤	④	③	②	①

※ 다음은 청소년의 교회 내 교육활동에 관한 질문입니다.
귀하의 생각과 가장 가까운 번호 옆 빈칸에 ∨ 표시를 해주시기 바랍니다.

항목	매우 그렇다	그렇다	보통이다	그렇지 않다	전혀 그렇지 않다
나는 교회에서 성교육을 받은 적이 있다.	⑤	④	③	②	①
나는 교회에서 이단교육을 받은 적이 있다.	⑤	④	③	②	①
나는 교회에서 성경교육을 받은 적이 있다.	⑤	④	③	②	①
나는 교회에서 교리교육을 받은 적이 있다.	⑤	④	③	②	①
나는 교회에서 동성애교육을 받은 적이 있다.	⑤	④	③	②	①
나는 교회에서 연애교육을 받은 적이 있다.	⑤	④	③	②	①
나는 교회에서 결혼교육을 받은 적이 있다.	⑤	④	③	②	①
나는 교회에서 기독교세계관 교육을 받은 적이 있다.	⑤	④	③	②	①
나는 교회에서 진로교육을 받은 적이 있다.	⑤	④	③	②	①
나는 교회에서 경제교육을 받은 적이 있다.	⑤	④	③	②	①
나는 교회에서 성례(세례/성찬)교육을 받은 적이 있다.	⑤	④	③	②	①
나는 교회에서 대인관계(대화법 등) 교육을 받은 적이 있다.	⑤	④	③	②	①

※ 다음은 청소년의 교회 관련 고민에 관한 질문입니다.
귀하의 생각과 가장 가까운 번호 옆 빈칸에 ✔ 표시를 해주시기 바랍니다.

항목	매우 그렇다	그렇다	보통이다	그렇지 않다	전혀 그렇지 않다
나는 향후 다른 교회로 옮길 의향이 있다.	⑤	④	③	②	①
나는 향후 신앙생활을 포기할 의향이 있다.	⑤	④	③	②	①
나는 목회자로 인해 교회를 떠나고자 고민해 본 적이 있다.	⑤	④	③	②	①
나는 목회자의 비윤리적 행동 때문에 교회를 떠나고자 고민해본 적이 있다.	⑤	④	③	②	①
나는 목회자의 설교 때문에 교회를 떠나고자 고민해본 적이 있다.	⑤	④	③	②	①
나는 신앙 자체에 대한 회의감이 들어 교회를 떠나고자 고민해본 적이 있다.	⑤	④	③	②	①
나는 영적인 필요가 채워지지 않아서 교회를 떠나고자 고민해본 적이 있다	⑤	④	③	②	①
나는 신앙생활을 해도 성장하지 않는 자신의 모습 때문에 교회를 떠나고자 고민해본 적이 있다.	⑤	④	③	②	①
나는 교회의 문화 때문에 교회를 떠나고자 고민해 본 적이 있다.	⑤	④	③	②	①
나는 비민주적인 의사소통 구조와 소통의 부재 때문에 교회를 떠나고자 고민해본 적이 있다.	⑤	④	③	②	①
나는 교회가 다음세대에 관심이 없는 것 같아서 교회를 떠나고자 고민해본 적이 있다.	⑤	④	③	②	①
나는 교회가 나에게 지나치게 헌신을 요구하는 문화 때문에 교회를 떠나고자 고민해본 적이 있다.	⑤	④	③	②	①
나는 교회가 지나치게 헌금을 강요하는 문화 때문에 교회를 떠나고자 고민해본 적이 있다.	⑤	④	③	②	①
나는 내가 교회에서 수행하는 봉사로 인해 힘들어서 교회를 떠나고자 고민해본 적이 있다.	⑤	④	③	②	①

나는 교회가 사회적 이슈에 민감하게 반응하지 않기 때문에 교회를 떠나고자 고민해본 적이 있다.	⑤	④	③	②	①
나는 사람들이 생각하는 기독교인에 대한 부정적 인식 때문에 교회를 떠나고자 고민해본 적이 있다.	⑤	④	③	②	①
나는 교회가 공공의 영역에 관심이 없는 것 같아 교회를 떠나고자 고민해본 적이 있다.	⑤	④	③	②	①
나는 교회가 수행하는 특정한 프로그램으로 인해 교회를 떠나고자 고민해본 적이 있다.	⑤	④	③	②	①
나는 교회의 시설환경이 낙후되어 교회를 떠나고자 고민해본 적이 있다.	⑤	④	③	②	①
나는 나의 교회부서(중고등부)로 인해 교회를 떠나고자 고민해본 적이 있다.	⑤	④	③	②	①

※ 다음은 청소년의 교회신앙생활에 관한 질문입니다.
귀하의 생각과 가장 가까운 번호 옆 빈칸에 ∨ 표시를 해주시기 바랍니다.

항목	매우 그렇다	그렇다	보통이다	그렇지 않다	전혀 그렇지 않다
나는 앞으로 세례 및 입교를 할 의향이 있다.	⑤	④	③	②	①
나는 공예배를 참석하고 있다.	⑤	④	③	②	①
나는 오후예배를 참석하고 있다.	⑤	④	③	②	①
나는 기도시간을 가지고 있다.	⑤	④	③	②	①
나는 성경읽기 시간을 가지고 있다.	⑤	④	③	②	①
나는 신앙적 대화를 나누고 있다.	⑤	④	③	②	①
나는 신앙생활을 실천하기 위해 노력하고 있다.	⑤	④	③	②	①
나는 전도활동을 하고 있다.	⑤	④	③	②	①
나는 교회 공동체에 참석하고 있다.	⑤	④	③	②	①
나는 성경공부 혹은 제자훈련에 참여하고 있다.	⑤	④	③	②	①

나는 주중 신앙활동과 모임에 참여하고 있다.	⑤	④	③	②	①
나는 헌금생활을 하고 있다.	⑤	④	③	②	①
나는 교회봉사활동을 하고 있다.	⑤	④	③	②	①
나는 10년후에도 신앙생활을 하고 있을 것 같다.	⑤	④	③	②	①

(복수응답)

귀하의 신앙교육에 가장 큰 영향을 미치는 사람은 누구라고 생각하십니까? 아래의 보기에서 찾아 우선 순위에 따라 적어주세요.

1순위(　　)　2순위(　　)

<보기>
① 담임목사　② 담당 교역자　③ 교사　④ 학부모　⑤ 학생자신　⑥ 친구
⑦ 간사(신앙단체)　⑧ 교회 성도

(복수응답)

교회학교가 성장하지 않는 가장 큰 요인은 무엇이라고 생각하십니까? 아래의 보기에서 찾아 우선 순위에 따라 적어주세요.

1순위(　　)　2순위(　　)

<보기>
① 담임목사의 리더십 부족　② 담임목사의 목회철학의 부재
③ 교역자의 전문성 부족　④ 교사의 낮은 헌신도　⑤ 학생의 개인적 요인
⑥ 교회학교 프로그램의 흥미 없음　⑦ 기독교에 대한 부정적 인식
⑧ 출산율의 저하　⑨ 부모의 관심부족　⑩ 전도하지 않음　⑪ 재정의 부족
⑫ 교회의 교회학교(중·고등부)에 대한 관심부족

(복수응답)

학생신앙운동(SFC)이 성장하지 않는 가장 큰 요인은 무엇이라고 생각하십니까? 아래의 보기에서 찾아 우선 순위에 따라 적어주세요.

1순위(　　)　2순위(　　)

<보기>
① 선교단체의 철학의 부재 ② 재정의 부족 ③ 간사의 전문성 부족
④ 간사의 낮은 헌신도 ⑤ 학생의 개인적 요인 ⑥ 선교단체 프로그램의 흥미 없음
⑦ 기독교에 대한 부정적 인식 ⑧ 학교와의 연계 부족 ⑨ 교회의 관심부족
⑩ 전도하지 않음

다음의 제시된 교회교육 중에서 귀하가 생각하는 현재 선호도와 미래 중요도를 해당 번호에 응답해주시기 바랍니다(반드시 양쪽 모두에 응답).

※ 현재 선호도는 '내가 현재 좋아하며 자주하는 것'이고 미래 중요도는 '현재 좋아하거나 자주하지 않더라도 미래에는 중요하다고 생각하는 것'입니다.

현재 자신이 관심있고 필요한 정도					문항내용	가까운 미래에 자신에게 필요하고 중요한 정도				
현재 선호도					교회 교육	미래 중요도				
⑤	④	③	②	①	성경적 리더십	⑤	④	③	②	①
⑤	④	③	②	①	기독교 세계관(성경적 세계관)	⑤	④	③	②	①
⑤	④	③	②	①	성경적 진로교육	⑤	④	③	②	①
⑤	④	③	②	①	성경교육	⑤	④	③	②	①
⑤	④	③	②	①	신앙양육 프로그램	⑤	④	③	②	①
⑤	④	③	②	①	선교 및 전도 교육	⑤	④	③	②	①
⑤	④	③	②	①	성경적 경제교육	⑤	④	③	②	①
⑤	④	③	②	①	성경적 인간관계 교육	⑤	④	③	②	①
⑤	④	③	②	①	성경적 연애 및 결혼	⑤	④	③	②	①
⑤	④	③	②	①	기도	⑤	④	③	②	①

⑤	④	③	②	①	찬양 및 CCM 교육	⑤	④	③	②	①
⑤	④	③	②	①	교회론	⑤	④	③	②	①
⑤	④	③	②	①	성경적 가정	⑤	④	③	②	①
⑤	④	③	②	①	교리교육	⑤	④	③	②	①
⑤	④	③	②	①	성경적 정치교육	⑤	④	③	②	①
⑤	④	③	②	①	성경적 상담	⑤	④	③	②	①

다음 각각의 항목에 대해 응답해 주십시오.

항목	매우 그렇다	그렇다	보통이다	그렇지 않다	전혀 그렇지 않다
나는 일상의 삶에 전반적으로 만족하고 있다	⑤	④	③	②	①
나는 교회활동에 전반적으로 만족하고 있다	⑤	④	③	②	①
나는 신앙생활에 전반적으로 만족하고 있다	⑤	④	③	②	①
나는 학교생활에 전반적으로 만족하고 있다	⑤	④	③	②	①
나는 SFC에 전반적으로 만족하고 있다	⑤	④	③	②	①

♣ 설문에 응답해주셔서 대단히 감사합니다 ♣